JN217119

管理職1年目の教科書

外資系
マネジャーが
絶対に
やらない
36のルール

櫻田毅
Takeshi Sakurada

東洋経済新報社

はじめに

私は30年にわたる日系、外資系企業でのビジネス経験をもとに、いま日本中の企業を訪れて研修を行っています。新入社員から経営者まで様々な階層を対象としていますが、中でも課長やグループマネジャーなどの若手管理職の皆さんへの研修機会の多さを感じます。

これは、組織の成果を左右する実務の第一線でチームを率いている方々に、会社が大きな期待を抱いていることの表れです。特に、初めて部下を持つ新任管理職の皆さんに対しては、チーム運営を委ねるための条件をクリアした人材としての期待が一段と高まります。

私が36歳のとき、勤めていた日興證券（当時）で、課長として初めて10人の部下を持ったときの緊張感はいまでも鮮明に覚えています。30歳のときに造船会社のエンジニアから転職して6年目のことです。畑違いの若僧に何ができるのか、といった一部プロパー社員からの冷たい視線を感じながらも、何とか期待に応えようと懸命に試行錯誤した毎日でした。

幸いにも、上司、部下、同僚に支えられながら、その後も、いくつかの部門で管理職として歩み続け、米国の資産運用会社ラッセル・インベストメントの日本法人に移ってからは、資産運用コンサルティング部長、執行役ＣＯＯ（最高執行責任者）として米国人社長・ＣＥＯ（最高経営責任者）とともに経営に携わります。

このようなキャリアの中で、私は、日本企業、外資系企業で成果を出し続ける、トップクラスのビジネスパーソンの人たちと働く機会を持つことになります。そこで、迅速な決断による明確な方向付け、ムダな作業をそぎ落としたスピード感あふれる業務推進、部下との信頼関係を築きチームの活力を高めるチームづくりなど、一流の仕事力を何度も見せつけられました。

特に、「日本人の倍働いて3倍の給料をもらう」と言われたりする外資系エグゼクティブたちの仕事力は、その後の私の成長に大きな影響を与えてくれました。倍働くというのは倍の時間働くという意味ではなく、同じ時間でも倍の成果を出す高い生産性という意味です。

本書は、このような私のビジネス経験の中から紡ぎ出した、これからの時代の日本企業で働く若手管理職のための仕事術について著したものです。

さて、初めて管理職となったあなたが、最初にしっかりと認識しておくべき大切なことが3つあります。

1つ目は、管理職の役割は「チームの成果の最大化」であるということです。したがって、あらゆる活動がそこへ向けたものでなければなりません。仕事の計画を始めとして、会議の開催やチーム内のコミュニケーション、部下の育成に至るまで、すべてチームの成果の最大化へ向けての活動なのです。このことをしっかりと肝に銘じておくことが、管理職として軸のブレない判断基準を持つことになります。

2つ目は、チームの成果の最大化を「生産性の高いやり方」で実行するということです。これまでの日本企業のように長時間労働に頼るのではなく、限られたヒト、モノ、カネで単位時間あたりのアウトプットを高めるようなマネジメントです。ただし、いわゆる業務の効率化による時間短縮だけでは限界があります。仕事の進め方や取り組み方を磨きあげて、仕事そのものの質を大きく高めていくマネジメントが必要です。

3つ目は、あなたと部下の「価値ある人材への成長」です。

生産性の高い仕事を実現するのは、言われたことをただ行うような人ではなく、主体的な判断で自ら行動する人、目的を見据えてムダなく仕事を進める人、経験のない局面でも臨機応変に対応できる人たちです。あなたと部下がそのような人材へと成長していくことが、生産性を高めてチームの成果を最大化していくのです。

以上の3点を踏まえ、それを実現していくために管理職としてのあなたが必要なことは、6つの分野の仕事力を磨いていくことです。

1. 迅速な意思決定
2. ムダなく仕事を進める段取り
3. スピード感を生む時間活用
4. 成果につながる権限委譲
5. 高生産性人材の育成
6. 最強チームの構築

これらは、特定の企業や組織の中だけで役に立つものではなく、国や企業を問わずにどこでも通用する普遍的な仕事力です。本書では、私が間近に見てきた一流のビジネスパーソンたちの仕事ぶりを多数引用しながら、これらの分野の力を磨いていくための具体的なノウハウを「36のルール」として紹介いたします。

それぞれのルールとその背後にある理由を理解して、あなたに合った形で身につけていくことで、「生産性の高いやり方」と「価値ある人材への成長」を伴いながら、「チームの成果の最大化」を実現できる管理職へと着実に歩みを進めていかれることを願います。

本書が、変わりゆく時代の中で管理職としての一歩を踏み出すあなたが、縁あって部下となったメンバーとともに、良き職業人生を送っていくための一助となれば幸いです。

目次

第2章 段取り

ムダなく仕事を進めるルール

第3章 時間活用

スピード感を生む時間活用のルール

第4章 権限委譲

成果につながる権限委譲のルール

第5章 部下育成
高生産性人材を育成するルール

第6章 チーム構築
最強チームを構築するルール

第1章

決断・判断

迅速な意思決定のルール

どのような時代環境であっても、仕事の流れは基本的に「決めて実行する」ことの繰り返しです。したがって、チームのマネジメントを担う管理職としてなすべき重要な役割の1つは、迅速かつ的確に「決める」ことです。管理職になると、メンバーのときと違って部下から判断を求められることも多く、「決める」機会が格段に増えてきます。

思うように成果が出せないチームには、管理職が「決める」ことに時間をかけすぎる、あるいは「決める」ことができないため、仕事が停滞しているという問題があります。

これは経営者レベルにも見られる問題ですが、ましてや、まだ経験が浅い新任管理職の場合、「決める」ことに慣れていないこともあって、どうしても判断に慎重になってしまいます。しかし裏を返せば、迅速に質の高い意思決定を行うことができれば、チームの仕事をどんどん前に進めることができるということです。

「論理的要因」と「心理的要因」

決めることができない理由には、論理的要因と心理的要因の2つがあります。

「論理的要因」は決断に至るプロセスに関するものです。必要な情報が不足していることや、決断のための検討方法が確立されていないことなどが挙げられますが、最も深刻な問題は決断のための基準がないこと、あっても曖昧なことです。

たとえば、入試の答案の採点精度を三重チェックによっていくら高めても、定員や合格最低ラインなどの判断基準がないと、合格者を決めることができないのがその例です。

「まだ情報が十分ではないから、決めたくても決められない」と言っている人の多くは、実は情報不足が問題なのではなく決断基準がないことが問題なのです。しかし、そのことに気づいていないため、延々と情報収集に精を出してしまいます。これでは時間を浪費するばかりです。

決めることができないもう1つの理由は「心理的要因」です。失敗することへの恐怖や、決めたことを実行することへの自信のなさ、出した結論に対する反発への不安などの心の抵抗です。

先ほどの、「まだ情報が十分ではないから」と言っている人も、もしかしたら、心の底に決めることへの不安があり、情報不足を言い訳にして、決めない自分を正当化しているのかもしれません。

心理的要因によってガッチリと固められている心のガードは、「大丈夫だ」「自信を持て」「思い切って」などの言葉をいくつ並べても打ち破ることはできません。何らかの制約を課してでも、無理やり決めるという経験をしながら決断に慣れていく必要があります。

一日決断が遅れれば一日仕事が遅れる

「決めないことには物事は進まない」というのは動かすことのできない事実です。しかし、私たち

図表1
決断を阻害する論理的要因と心理的要因

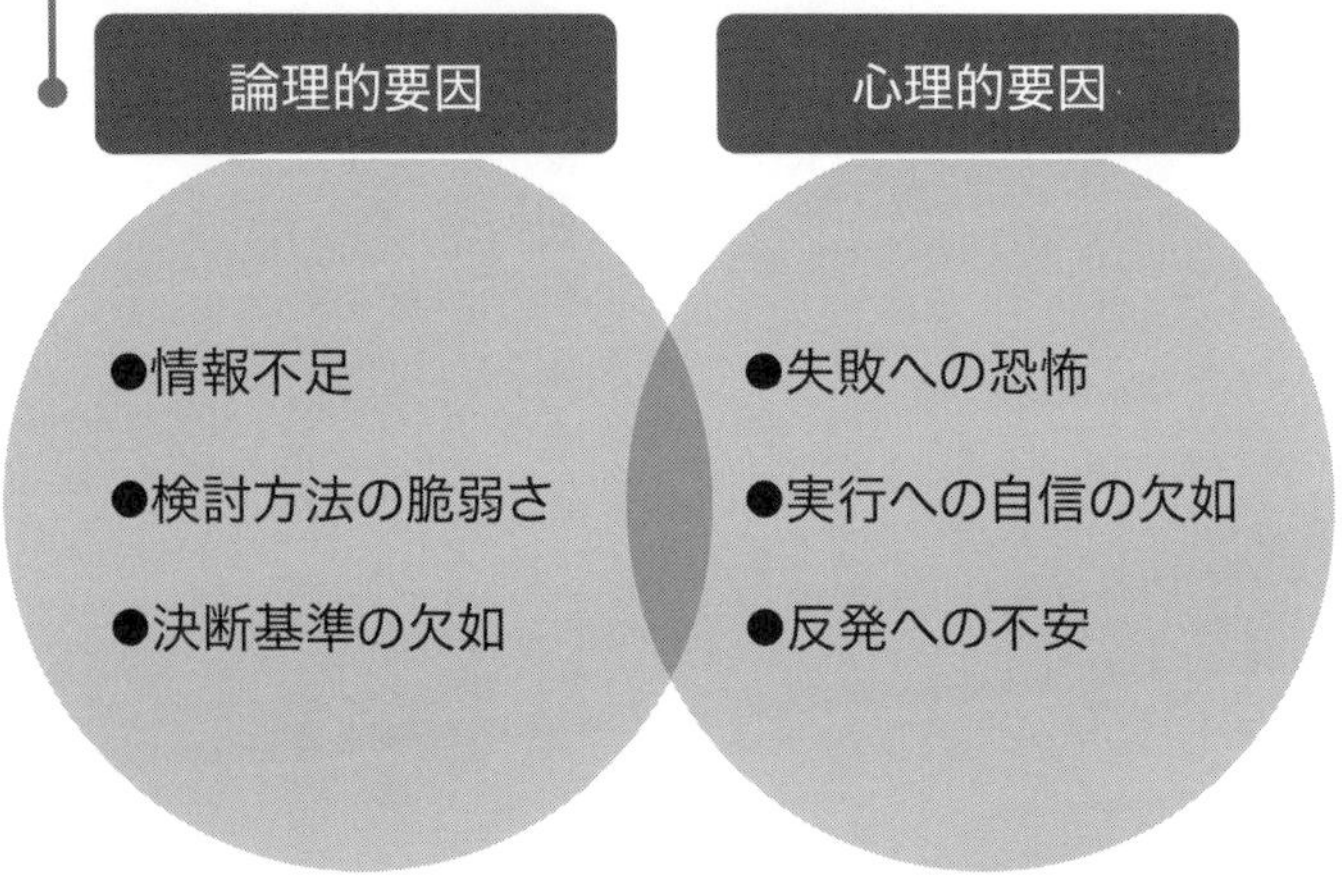

はわかってはいても、この2つの要因によってその事実から目を背けてしまうことがあります。そこで本章では、論理的要因と心理的要因を克服しながら、適切かつ迅速に意思決定を行うための方法を紹介します。

坂本龍馬が京都の近江屋で暗殺される五日前に、福井藩の重臣宛てに出した手紙の実物を見たことがあります。龍馬は手紙の中で、「新政府の財政担当として三岡八郎を早く上京させてくれ。三岡の上京が一日遅れれば、新国家の財政が一日遅れる」と訴えています。

いまの日本を生きる私たちに対して、「どんどん決めてガンガン進まんといかんぜよ！」と龍馬がカツを入れているような気がします。

ルール1

「慎重な人」という評価を放置するのをやめる

「決断のデッドライン」で決めることに慣れる

米国の資産運用会社で私の上司だったCEO（最高経営責任者）のM氏から頻繁にされた質問は、「By when?（いつまでに?）」です。「期限のない仕事など、ソーセージのないホットドッグと同じでありえない」とM氏が言ったかどうかは覚えていませんが、仕事と期限は必ずセットにすべしということです。

しかも、最終的な仕事の締め切りだけでなく、その過程で発生する「決める」という行為に対しても「By when?」の嵐です。

「いつまでに決めるのか」を決めておく

櫻田「では、このミニ・プロジェクトのデッドライン（締め切り）は90日後で」
M氏「それで頼む。で、最初にやることは？」
櫻田「まず、必要なメンバーを決めることですね」
M氏「By when?（いつまでに?）」
櫻田「で、で、では今日中に」
M氏「OK、決めたらメール頂戴」
櫻田「イエッサー！」

仕事は「決めて実行する」の繰り返しです。そこで、いつまでに実行し終わるのかという最終的なデッドラインだけでなく、その途中にある「決める」という行為に対してもデッドラインを設けるのです。さもないと、「○○が決まってないので先へ進めません」という言葉とともに仕事はずるずると遅れてしまいます。

管理職経験が浅いうちは、決断への不安から、これも検討しておいた方がいい、この場合の対応も考慮しておいた方がいいと、何かと理由をつけて決断を先延ばししたくもなります。最初のうちは「慎重な人」と思われるだけで済みますが、そのような状態を続けていると、やがて「臆病な人」に格上げされ、「決断できない人」へと昇格を遂げ、ついに「無能」にまで上り詰めます。外資系では「無能」イコール「クビ」です。

決めることが不安だという心理的要因を乗り越えるためには、無理やりでも「決める」という行動を起こし、決断に慣れていくことです。そのための強制力が、その日までに決めなくてはならないという決断のデッドラインなのです。車の運転に慣れるには運転をするしかないのと同じで、決めるから慣れる、慣れたからまた決めることができるという順番です。

人や組織は間違える

決断のデッドラインを設けるのは、判断を間違ってしまったときのためでもあります。というか、人や組織はそもそもよく間違えます。

もし、時間ギリギリまで粘って決めたあとに誤りに気づいたとしても、すでに時間切れアウトで、何も手を打つことができません。しかし、早めに決めて早めに行動を起こしていれば、誤りに気づいた時点で修正をかけて再挑戦することができます。むしろ、やってみるからこそわかることもたくさんあります。

「決断のデッドライン」を決めたら、メンバーや上司に宣言してしまい、そこから逃げられないようにしておくとよいでしょう。「誤りに気づいたら修正すればよいだけだ」と腹をくくるのも、慣れてくれば当たり前になってきます。

このようにして、自分が決めた日までに決めることを実践した上で、メンバーに対しても「いつまでに決めるの？」と問いかけていけば、メンバーを含めて迅速な決断力のあるチームへと成長していきます。

ルール2

情報量が多ければ正しい判断ができると考えるのをやめる

目的に立ち返り「決断の基準」を定義する

決断のデッドラインは決断を促す効果がありますが、それでも「そうは言っても、不十分な情報で決めるわけにはいかない」との声が出てきます。このような情報にこだわる人の多くは、情報量が多ければ多いほど決断の精度が高まると考えています。しかし、それは単なる思い込みにすぎません。

転職面接での質問はたった2つだけ

そもそもビジネスにおいて、必要な情報が完璧にそろうことなどありません。仕事ができる人ほど、限られた情報でも決断をしています。なぜそれが可能かというと、決断に必要な基準を定義する力に優れているからです。決断の精度を高めるのは情報の量ではなく「決断の基準」なのです。

私が日本の証券会社から外資系企業へ転職する際の面接でのことです。海外オフィスの幹部・ロジャー（仮名）と電話会議を行いました。一通り挨拶を交わした後、先手必勝とばかり、「では自己紹介から……」と切り出したところ、「その必要はない。その代わりに2つの質問に答えてくれればそれでいい」とのこと。

1つ目の質問は、「資産運用コンサルティング・ビジネスにおいて、日本で勝つためには何をすればよいと思うのか？」。2つ目が、「なぜ、あなたにそれができると言えるのか？」。不意打ちを食らって脳がエンストを起こしそうになったところを、どうにかこらえて必死に答えました。その後、多少のやり取りがあったものの、ロジャーは納得したようで「OK、サンキュー」で終了、わずか20分です。

私の職務経歴については日本人社員によって十分審査されているという前提で、ロジャーは彼ならではの「基準」を持って面接に臨んだのです。外資系の一流のマネジメントの片りんに触れた気がしました。入社後も、ロジャーには何度もビジネスをサポートしてもらいましたが、いつもスパッとその場で決断する姿は相変わらずでした。

そもそもこの件の目的は何だったんだ？

何が決断の基準としてふさわしいかは、置かれた場面やその人の考え方によって異なってきますが、絶対に外してはならないのが「目的」です。証券会社時代、私が判断に迷ってオタオタしていると、上司のYさんからよくこのように詰められていました。

Y「さくらだ～、そもそもこの件の目的は何だったんだ、あ～？」
櫻「も、も、目的は○○でした、ハイッ」
Y「んじゃ、どうすんだよ、あ～？」

目的とは簡単に言えば、「何のためにそれをやっているのか？」ということです。これをしっかりと見据えている限り、大きく判断を間違えることはないというわけです。逆に、目的を見失ってしまうと、枝葉末節に目が行って的確な判断ができなくなります。判断に迷ったときに立ち返る先が目的です。

ロジャーも、私を採用する目的は、「資産運用コンサルティング・ビジネスにおいて日本で勝つこと」だと定義していたのだと思います。だからこそ、そこに貢献できる人材かどうかという点に絞って、質問を投げかけてきたのでしょう。

決断基準の欠如は、意思決定を阻害する論理的要因の1つです。なかなか決めることができないときには、「そもそもの目的は何だったのか？」と問い直すことで、決めるための基準が見えてくることがあります。

ルール3

「できることからやっていこう！」という安易な判断をやめる

「問題整理」を行い効果のあるアクションをとる

時間当たりの仕事の成果を高めるために、つまり生産性を向上させるために、部下全員から一人5個ずつのアイデアを募ったとします。チームで問題意識を共有して全員で取り組もうとする姿勢は悪くはありません。では次に、出てきたアイデアを片っ端から検討して、できるものから採用していくのはどうでしょうか？——これはNGです。

業務プロセスの改善などにおいて、「できることからやっていく」というのは現実的な判断として一見正解のように見えます。しかし、この方法では、簡単にできるもの、イコール効果の小さなものばかりが採用されるという現象が起きてしまいます。その結果、時間をかけて検討した割にはチーム全体の生産性は大して変わらなかったという、生産性の低い仕事をやったという笑い話になってしまいます。

このようなことが起きるのは、効果を意識した「問題整理」が行われていないからです。

仕事は「時間」と「価値」の二軸で分類する

「問題整理」とは、目的地までの道筋がイメージできる地図を用意することです。

図表2に一例を紹介しますが、たとえば「仕事にかけている時間」と「アウトプットの価

値」という二軸で分類した4つの領域を作り、いま行っている様々な仕事をどこかの領域に当てはめてみるのです。

Ⅰ〜Ⅳのそれぞれの領域は次のような意味を持っています。

Ⅰ　かけている時間は短いがアウトプットの価値は高い仕事
Ⅱ　かけている時間は長いがアウトプットの価値も高い仕事
Ⅲ　かけている時間は長いがアウトプットの価値は低い仕事
Ⅳ　かけている時間は短いがアウトプットの価値も低い仕事

この図表を、チームの生産性を高めるという目的地に向かうための地図とします。生産性を単位時間当たりのアウトプットの価値ととらえると、それを高める対策は、時間を削減する（図表で左方向への矢印）か、アウトプットの価値を高める（上方向への矢印）かのどちらかです。ここまでが「問題整理」です。

図表2
改善方向を確認するための二軸分類

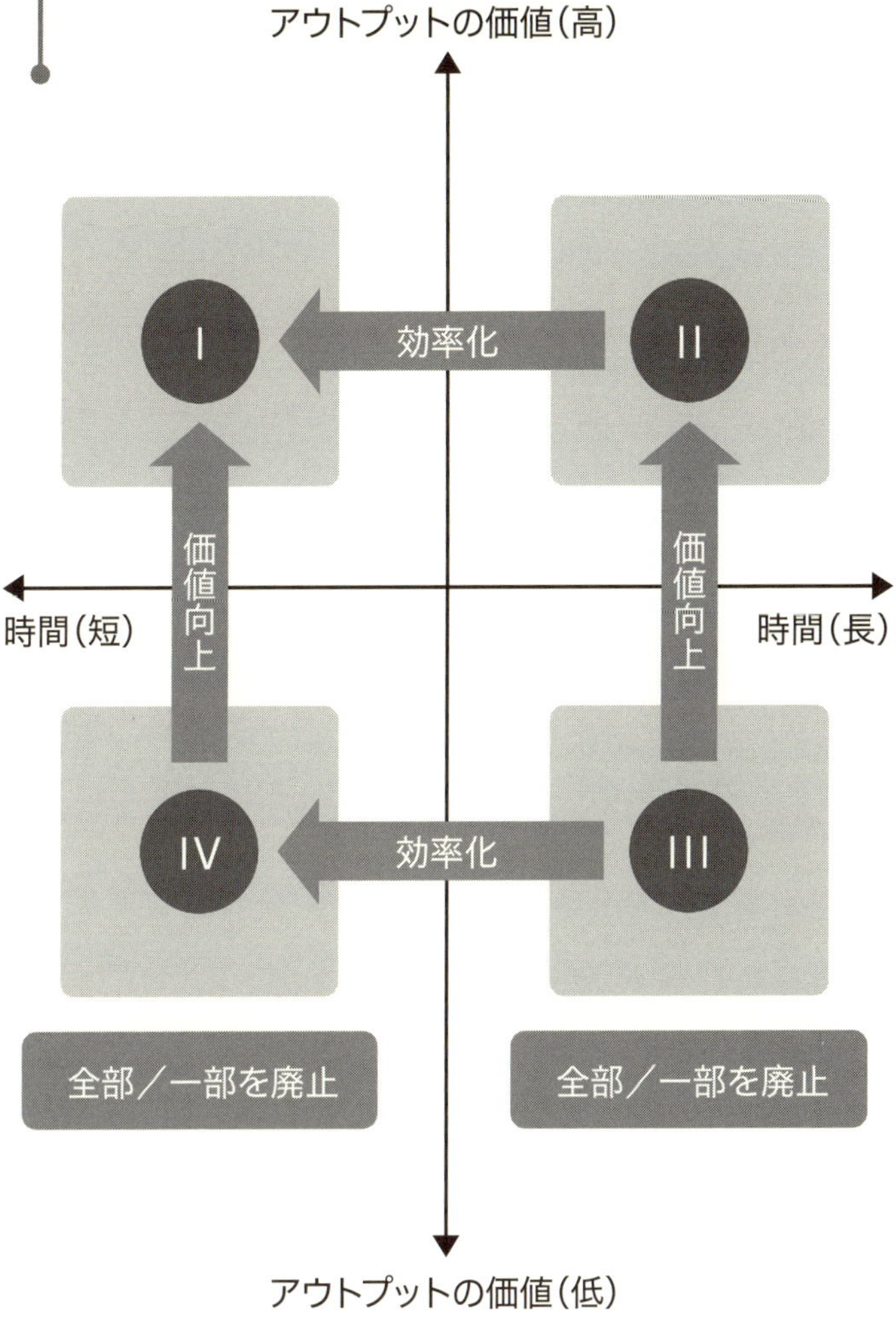

問題整理で改善効果をイメージする

その後の議論は、部下が出してくれたアイデアが、どの領域の仕事がどの方向へ向かうものなのかを確認しながら行います。その際、次のような点に気をつけながら議論するとよいでしょう。

①領域Ⅱから領域Ⅰへ向かう矢印は、価値の高いアウトプットをより短時間で出すという大きな効果を生むため優先的に取り組む。

②領域Ⅲは最も改善すべき領域であり、そもそも価値の低いアウトプットは、全体または一部を廃止できないかを考える。価値は低いがどうしてもやらなければならない仕事は、左方向への矢印で時間短縮を、またはアウトソーシングを検討する。

③領域Ⅳは、価値が低くても時間をかけていないという理由で放置するのではなく、全体または一部の廃止、より一層の時間短縮またはアウトソーシングを検討する。「やった

方がいい」という程度の業務であれば、やめても大きな影響がないことが多い。

④時間を削減するという左方向への効率性だけを追いかけるのではなく、価値をより一層高めるための上方向への取り組みにも十分な意識を持つ。

このように問題整理をした上で解決策を議論するのと、何の整理もせずに「できることからやろう」と考えるのとでは、効果に大きな差が生じます。問題整理の欠落は、意思決定の質を低下させる論理的要因の1つです。

なお、この二軸分類は、分類対象や縦・横軸の定義を変えることで、汎用性の高い思考のフレームとして活用することができます。分類対象を仕事から「顧客」に置き換えれば顧客別の生産性を、分類対象を「社員」にすれば個人別の生産性を可視化することができます。決断のデッドライン同様、問題整理のデッドラインを決めることで、問題整理に時間をかけすぎないことも大切ですね。

ルール4

「ここまでやったから」で続ける大損パターンをやめる

「コンコルド」の失敗と「インテル」の成功に学ぶ

資産運用会社の仕事は、投資家から委託された資金を株式や債券などに投資して、目標に応じた利益を出すことですが、その投資判断をしているのがファンドマネジャーと呼ばれる人たちです。詳細な企業調査と独自の判断基準に基づいて選んだ企業に投資します。

買った株が値下がりしたときにどうするか？

「買った株が値下がりしたときの判断が難しい」という声をよく聞くので、ある資産運用会社の辣腕ファンドマネジャーP氏に、そのことを聞いたことがあります。時給ウン万円換算の高給取りであるにもかかわらず、ていねいに説明をしてくれました。

「それは、状況が変わったのか変わらないかによる」とのこと。

その企業の業績などと比較して、いまの株価が割安だと判断したから買ったのである。値下がりしても前提条件に変化がなければ、かえって割安度が増していることになるので持ち続ける。しかし、見過ごしていた情報が明らかになったり、業績の読み違いだったりした場合、分析が成り立たなくなり状況が変わったので損切り（損失覚悟の売却）する。

売るべきときに、「ここまで持ったのだから」とか「いま売ると損が出るから」などと考えてダラダラと持ち続けると、たいてい大損する。簡単に言うと、「いまだったら、その株をあらためて買うのか？」と自問してイエスなら保有、ノーなら売却とのこと。

このようにして投資銘柄群を常にベストの状態にしておくことが、運用を任されているファンドマネジャーとしての責任だと言うのです。

もう一度やるとしたら同じことをやるか？

仕事でも、うまくいかないことが薄々わかっていても、「ここまでやってきた」ことを理由に、その状況から目をそらしてしまうことがあります。「ここまでやってきた」ということと「この先うまくいく」ということの間には、論理的には何ら関係がないにもかかわらず、思考を止めてしまうのです。

これは、適切な決断を阻害する心理的要因の1つであり、背景には次のような心理的な理由があります。

①失敗を認めたくないという自己防衛の気持ち
②投じた資金を損失として確定させることへの抵抗

③もしかしたら一発逆転できるかもしれないという根拠のない期待

しかし、これすなわちP氏の言う大損パターンです。このようなときの判断基準は「ここまでやったのだから」という過去ではなく、「いま始めるとしても、同じことを同じやり方でやるのか？」といった未来に置くべきです。

状況が変わっておらず「イエス」であれば続行です。

状況が変わったので「ノー」であれば修正または終了です。

「ここまでやったのだから」という判断は「ノー・サンキュー」です。

大失敗の「コンコルド」と大成功の「インテル」

「ここまでやったのだから」という理由で続けてしまう心理現象は、『コンコルド効果』と呼ばれています。『コンコルド』は1960年代にマッハ2・0をうたい文句に英仏の企業が開発・製造に取り組んだ、世界初の超音速旅客機の名前です。

しかしながら、膨大な開発費の影響でバカ高い機体価格、燃費も激ワル、おまけに凄まじい騒音。「このまま開発を続けても採算はとれないのでは……」との声が出ているにもかかわらず、政府による赤字補填のもとで継続されました。ここで中止したらこれまでの投下資金がパーになる、費やした時間もパーになる、誰かが責任とらなきゃならない、つまり「ここまでやったのだから」という理由です。

その結果、250機の販売で採算がとれるという計画に対して、売れたのはわずかに16機。メガトン級の大赤字を残して幕を閉じます。関係者にとっては二度と思い出したくもない黒歴史でしょう。ちなみにコンコルド（Concord）とは「協調」という意味です。「ここまでやったのだから」で関係者がいい加減な協調をしてしまったというのは皮肉なものです。

これに対して、現在マイクロプロセッサ（超小型演算処理装置）界の王者として君臨している米インテル社は、80年代に、当時の主力事業であったDRAM（半導体メモリー）から撤退するという大きな決断を行いました。一時、実質的に市場を独占していたDRAM事業ですが、低価格・高品質の日本企業の猛追にあい、利益率の低い価格競争に巻き込まれていたのです。

当時のCEO・アンドリュー・グローブ氏が「自分がクビになって、過去にしがらみのないCEOが外部から来たらどうするだろうか？」という問いを自らに発することで、過去ではなくゼロベースで未来に目を向けた決断ができたのです。「ここまでやってきたのだから」という発想からの決別が、いまの成功へとつながっています。

もし、あなたのチームの中で、うまくいっていないにもかかわらず「ここまでやったのだから」という理由で続けている仕事があったとしたら、即刻検討し直すべきです。「いま始めるとしても、同じことを同じやり方でやるのか？」と自ら問い、継続か、変更か、終了かを判断するとよいでしょう。

インテル社のように、何かをやめることは次の成功を手にするためのステップになるのです。

ルール5

「そのうちに」という曖昧な約束をやめる

その場でスケジュール帳を開いて日時を確定させる

毎年届く年賀状の中に、「そのうち飲みに行きましょう」という一筆を書き添えてくれる人が何人かいます。嬉しい言葉ではありますが、ほぼ１００％の確率で「そのうち」はやって来ません。本気でそう思っているわけではないからです。年賀状であれば「社交辞令かよ」で済ますことができますが、仕事での「そのうち」は信頼関係に悪影響を及ぼします。

その場で「いつにしますか？」

時々食事をご一緒させていただく米系投資顧問会社の駐日代表・酒井さん（仮名・60代）は、「言ったことは必ずやる、やらないことは言わない」がモットーです。先日も、外国人ビジネスパーソン御用達のレストランで、二人でメガサイズの進駐軍ハンバーガーをほおばっていたときのこと。

櫻田「Xの件で一度話を聞いてもらえませんか。急ぎではないんですが」
酒井（すぐにスマホを開いて）「10日の週ならいいですよ？」
櫻田「では、12日の13時から45分間でいかがですか？」
酒井（スマホに記入しながら）「了解です」

このように、予定をその場で決めてしまいます。会社に戻ってからスケジュールを確認するなんて発想は一切ありません。しかも、一度決めた予定を、都合が悪くなったからという理由で変更をされたことも、いまだかつてありません。「念のために」と前日に確認のメールを打つことさえも時間のムダとのこと。決めた日時に必ず予定を実行されます。「そのうち」という言葉を、これまで酒井さんの口から聞いたことがありません。

これも迅速な意思決定の姿勢の表れです。仕事ができる人は、どんなに小さなことでも、迅速に決めて確実に実行するという姿勢を崩しません。彼らは仕事やプライベートに関係なく、「そのうち」「いつか」などの実行を曖昧にする言葉をほとんど使いません。口にしたことが本気であれば、確実に実行するためにその場でスケジュールを決めますし、本気でなければ初めから口にしないからです。

「言うだけの人」というレッテル

「そのうち」「いつか」などの実行を曖昧にする言葉は、信頼関係にも影響を及ぼします。何かの機会に顔を合わせた相手から、「そのうち一杯やりませんか」と誘われたとき、酒井さんのような人は、それが社交辞令だろうが何だろうが、「喜んで、で、いつにしますか?」

とその場で決めようとします。

そこで、「いやいや、そのうちにご連絡いたします」などと怯んでしまうと、たちどころに「言うだけの人」というレッテルが貼られてしまいます。酒井さんのような人は、予定の入れ方1つからでも相手の力量を測ろうとし、口にした以上、必ず実行しようとする人だけを信用するのです。

あなたが率先して、「そのうち」「いつか」「手が空いたら」などの曖昧な言葉を使うことをやめ、その場でスケジュールを確定させるようにしましょう。部下に対しても、日ごろから「では、いつにする？」と問いかけ、迅速に決めて確実に実行することを促します。

小さな習慣ですが、「その場ですぐに決める」という行動を通して、決めることを先延ばしにしたくなる心理的要因を克服していく効果があります。また、このような習慣がチーム内に根付いてくると、「言ったことは必ずやる」という良い緊張感とともに、仕事のスピードが上がっていきます。

ルール6

場当たり的な決断をやめる

自分の「決断のスタイル」を持つ

ここまで、論理的要因と心理的要因を踏まえながら、迅速に決断を行うためのヒントを述べてきましたが、もちろん、どんなときでも絶対にうまくいく万能の決断ノウハウなどありません。それを求めるのは、徳川の埋蔵金を探しまわるようなものなので、せいぜい趣味の範囲にとどめておいてください。

大切なことは万能の決断ノウハウを探すことではなく、自分らしい「決断のスタイル」を作り上げていくことです。

勝ちパターンを言葉にする

自分らしい「決断のスタイル」とは、良い結果を生み出すための自分に合った考え方と行動のことで、最終的にこの2つの質問に対する答えです。

> 決断が良い結果につながるときの、あなたの「思考パターン」は何か？
> 決断が良い結果につながるときの、あなたの「行動パターン」は何か？

ただ、この2つの質問に対していきなり答えを出せと言われても戸惑う方も多いでしょうから、自分の経験を振り返りながら多面的に頭を整理していくとよいでしょう。

そのための参考となる質問の一覧を図表3に挙げておきます。あなたの過去の決断とその結果を思い出しながらこれらの質問に答えてみてください。この作業を何度か繰り返しているうちに、2つの質問に対する答えが見えてきます。それが、自分らしい「決断のスタイル」です。

ただし、「自分らしい」の意味は、やりやすいとか自然にできるという意味ではありません。そこには、もしかしたら少しの勇気が必要だったり、恥ずかしさを乗り越える覚悟が必要かもしれません。しかし、それであなたが良い結果を出すことができるのであれば、それが「自分らしい」ということです。

「決断のスタイル」はあなたの経験と成長とともに変わっていきます。常に自分史上最強のスタイルであるために、継続的に進化させていく気持ちも大切です。

図表3
「決断のスタイル」を考えるための20の質問

① 結論が出ないとき、誰と話をして頭の整理をしましたか？
② 決断のデッドラインを共有してくれた人は誰でしたか？
③ 決断に至るまで、不足していたのは情報でしたか、それとも判断基準でしたか？
④ どの段階で目的を意識しましたか？
⑤ どのようにして決断の基準を作りましたか？
⑥ 決断の基準を作るにあたって大切にした考えや価値観は何ですか？
⑦ 絶対に受け入れることができない、あなたにとっての「ダメ基準」は何ですか？
⑧ 問題をどのように整理しましたか？
⑨ 良い結果につながった最も大きな要因は何ですか？
⑩ 良い結果につながらなかった最も大きな要因は何ですか？
⑪ 決断への不安な気持ちを、どのようにして克服しましたか／しようとしましたか？
⑫ どのようにして論理的な検討をしましたか／しようとしましたか？
⑬ あなたの決断を後押しした最大の要因は何でしたか？
⑭ あなたの決断の邪魔をした最大の要因は何でしたか？
⑮ あなたの決断力を高めるために必要な考え方とは何ですか？
⑯ あなたの決断力を高めるために必要な行動とは何ですか？
⑰ 良い結果につながるときの思考パターンは何ですか？
⑱ 良い結果につながらないときの思考パターンは何ですか？
⑲ 良い結果につながるときの行動パターンは何ですか？
⑳ 良い結果につながらないときの行動パターンは何ですか？

コラム

外資系企業が評価するのはサバイバル力がある人材

外資系企業は退職者が出てポジションが空けば、すぐに採用活動を行います。ヘッドハンターから紹介された複数の候補者と、募集部門の責任者が順次面接を行うのですが、候補者から「御社はどのような人材を求めているのですか?」と逆に質問をされることもあります。そんなとき、有名企業調査アナリストとして業界にその名をとどろかせている、米系投資銀行のSさんは、このようなたとえ話をするそうです。

ベトナム戦争のときに、二人の米軍兵士がヘリコプターから敵地の真っただ中に降ろされた。ところがトラブルのため、予定されていた後続部隊の派遣や物資の補給ができなくなり、二人は孤立してしまった。1年後、一人はジャングルの中で白骨死体で発見された。もう一人は、近くの街で中華料理屋を開いて大繁盛させていた。求めているのは後者のような人材である。

居酒屋のカウンターでSさんからこの話を聞いたときは、あまりにも的を射た話に、鼻からビールを吹き出してしまいました。

もちろん入社後は、会社は必要なものは提供して、上司もそれなりの指導をします。しかし、会社や上司が何かをしてくれることなどハナから期待せずに、「自分で成長して結果を出してやる」という気概がなくてはいい仕事はできません。敵地のジャングルに放置されても、「ちょうどいいや」で商売を起こして繁盛させるような、たくましいサバイバル力が必要です。

仕事がうまくいかないと、すぐに、会社や上司が「〜してくれないから」と言い訳をする人たちを「くれない族」と呼んでいました。そんな人はチームの重荷になるだけです。戦争のたとえ話への反応を見ながら、採用段階であえて厳しいスクリーニングをかけているのです。

第 2 章

段取り

ムダなく仕事を進めるルール

限られた時間とメンバーでチームの成果を最大化するためには、単位時間当たりのアウトプット、すなわち「生産性」を高めることが不可欠です。そのためには、「決めて実行する」という基本的な仕事の流れにおいて、迅速に決めたことを「ムダなく進める」ことが必要です。

最短時間で成果を出す正しい仕事の進め方

目の前の仕事に対して、何も考えずにガムシャラに取り組むのは、生産性の点からは必ずしも良いとは言えません。その気がなくても段取りが悪くて人を待たせたり、会議で結論を出せなかったり、解釈の違いで決めたことが実行されなかったり、あるいは、無意味な試行錯誤で時間ばかり過ぎてしまったりと、仕事の進め方にムダが生じるからです。

ジグソーパズルを作るときには、枠側からはめ込んでいった方が早く完成します。東京下町のB級グルメ「もんじゃ焼き」を作るときには、土手から作らないとうまくいきません。物事には、ムダのない正しい進め方があるのです。

このような正しい仕事の進め方が、本章で紹介する「ムダなく仕事を進めるルール」です。この力を磨くことによって、複数の仕事を並行して行うことができたり、会議の質を高めて仕事を加速させること、あるいは、決めたことが確実に実行されるようになる、正解のない問題に対して最短で最適解にたどり着くことができるなどの効果が期待できます。


「はじめに」でも述べたように、これらは時間短縮を目的とした効率化の発想ではなく、仕事のやり方をより洗練されたものに変えていくこと、すなわち「仕事の質」を高めていくというものです。密度の高いやり方で、目の前の仕事を効果的に片付けていくことができるようになるため、結果的に大きな時間短縮につながります。

これらは決して難しいものではなく、知っているかどうかだけの違いです。正しい仕事のやり方を知って自分がやって見せることで、チームの生産性も変わっていきます。

講義の質を高めるＭＢＡコースの段取り

私が証券会社に転職した80年代後半、証券投資理論で最先端をゆく米国の技術を短期間でキャッチアップする目的で、米国大学のＭＢＡ（経営学修士）コースの教授陣に、日本で集中講義をしてもらうことになりました。

私も受講者の一人として参加した最初の講義が、カリフォルニア大学ロサンゼルス校（ＵＣＬＡ）のマイケル・ブレナン教授によって始まりました。一日目は、拍子抜けするほどのゆっくりとしたペースで、数学や統計に関する基礎的な事項を1つ1つていねいに確認していきます。ＭＢＡコースの講義はスパルタ式で厳しいと聞いていたので、「これは楽勝かも」と思いきや、夕方からギアチェンジが始まり、二日目以降は完全にトップギアです。

ブレナン教授いわく、「基礎的なことに理解不足や誤解があると、その後の講義が無駄になる。たとえ時間をかけてでも、最初に学習のベースをしっかりと作っておくことが大切である」。

確かに、最初の半日がなければ、おそらく私はその後の高度な内容にはついていけなかったと思います。これは、受講者がしっかりと理解できるようなムダのないブレナン教授の講義の進め方です。彼の講義には、毎年ＵＣＬＡの学生から最高レベルの評価ポイントが与えられていると聞きましたが、それも頷けます。

仕事においても、進め方の巧拙がチーム全体の成果に大きな影響を与えます。本章では、生産性の高い仕事をするためのムダのない仕事の進め方を、高生産性ビジネスパーソンたちの事例とともに紹介いたします。

ルール7

締め切りが先の仕事は横に置くのをやめる

「ちょっとだけ」手をつけると仕事は格段に速くなる

管理職になりたての皆さんは、引き続きプレイングマネジャーとして期待されることも多いでしょう。急に忙しさが増すように感じるかもしれません。複数の仕事を抱えまくって、「うわーっ、もうこれ以上無理！」って叫びたくなることもあるかと思いますが、そんなときでも来るときゃ来るのが仕事です。「いまの仕事が一段落ついてからでいいですから」と配慮はしてくれても、「でも、遅くとも来月末までにはヨロシク」と、結局は締め切りを突きつけられます。

このようなとき、新しく依頼された仕事をいったん横に置き、いまの仕事をさっさと片付けてしまおうと考えがちですが、これはＮＧです。生産性の高い人は違うやり方をします。

ぶっちぎりの高速ランナーの仕事術

コンサルタント時代の同僚に、仕事の速さにかけてはウサイン・ボルトかフローレンス・ジョイナーかという伊東さん（仮名・40代）がいました。私が知っているビジネスパーソンの中でも、ぶっちぎりの高速ランナーです。そこで、ある冬の寒い日に、土鍋定食と引き換えに伊東さん秘伝の仕事術を伝授してもらいました。

「櫻田さんね、新しい仕事が来たら、どんなに忙しくても、とりあえずちょっとだけやってみることが大事なんですよ。ちょっとだけやってから横に置くんです」

「ちょっとだけやってみる」となぜウサイン・ボルトになれるのか？　その日、伊東さんから聞いた理由を私なりに4つにまとめてみます。

①難易度を把握する

「ちょっとだけやってみる」ことで難易度がわかる。その時点でゴールへ向けての進め方が十分にイメージできれば問題なし。しかし、手こずりそうであれば、他の仕事とのスケジュール調整を行い、早めに時間を確保しておく必要がある。

全く手をつけずに横に置いてしまうと、いざ取り掛かったときに「ゲッ、思った以上に時間がかかりそう。間に合うかどうかヤバッ！」、こんな状態に陥ってしまう。

②内容を正確に理解する

「ちょっとだけやってみる」ことで、仕事の内容を正確に理解しているかどうかがわかる。もし、あやふやな理解だったり疑問が出てきたりしたら、即座に依頼者に確認して解消しておく。一方、手をつけて初めて「あれ、これどうだっけ？」と理解不足に気づいても、依頼者が出張中や休暇中だと、連絡がとれるまで待ったり、疑問を抱えたまま進めてあとから手直しを行わなければならないなど、無駄な時間を費やすことになりかねない。

③できる準備を進める

「ちょっとだけやってみる」ことで、裏で必要な準備を進めることができる。たとえば、必要な情報やデータが手元にないことがわかったら、それを持っていそうな人にメールで依頼しておくと、仕事に取り掛かるころには届いている。これで、自分がその仕事に本格的に手をつけるまでの時間を無駄にせずに済む。

また、関係者との打ち合わせが必要だと思ったときには、その時点で早めにアポを入れておけば、間際になって時間調整でドタバタしなくて済む。

④受信感度が高まる

「ちょっとだけやってみる」ことで、必要な情報に対する受信感度が高まる。少しでも手をつけてみると、仕事の内容に興味が湧き、それ以降、関連したニュースや情報に対して脳のセンサーが反応するようになる。本格的に取り掛かるころには、アタマがその分野に馴染んでいるため、新規の情報を受け入れやすくなっている。

このように、高速ランナーは、何も考えずに力任せに走っていたわけではなく、用意周到な準備をしていたのです。わずか一時間程度の「ちょっとだけ」によりエンジンをかけた状態にしておくことが、その何十倍、何百倍もの効果を生むのです。

特に④については、心理学的には「ツァイガルニク効果」と呼ばれています。人は完了したことよりも、中断したことに対してより強い興味と記憶を持つという心理現象です。テレビ番組では、「えっ、どうなるの!?」という大事な局面に差しかかったところで判で押したようにCMが入ります。これは、情報を中断させることによって視聴者により一層の興味を抱かせる「ツァイガルニク効果」を狙ったものです。

仕事も、ちょっとだけやってみて中断することで、脳がその内容に関して興味を持ち始めるのです。

涼しい顔で淡々と仕事をこなす上司はカッコいい

日本企業の中には、仕事の量や締め切りがそのままであるにもかかわらず、「とにかく早く帰れ」という問答無用の圧力に対して、「時短疲れ」を起こし始めている職場も少なくありません。これは、何の工夫もなしに労働時間短縮だけを押し付ける経営側に問題がありますが、こっちとしても「できません」とは言いたくないものです。

しかも、これまでの仕事のやり方を前提とした効率化の議論では、どれだけ懸命に頑張っても限界があります。それどころか、やりすぎた効率化によって精神的にストレスを感じて柔軟で自由な発想ができなくなり、成果にマイナスの影響を与えかねません。

だからといって、管理職が苦悶の表情を浮かべてドタバタしすぎていると、「だから管理職にはなりたくない」という部下の冷めた視線を浴びることになります。

しかし、「ちょっとだけ」のように仕事のやり方を工夫していくこと、つまり仕事の質を変えていくことで、限られた時間で仕事をこなしていくことは可能です。仕事がスムーズに進むため、結果的に労働時間も短縮されていきます。どんなに大量の仕事があっても、涼しい顔をして淡々とこなしている上司を、部下はカッコいいと思うのです。伊東さんも、私から見てカッコいい同僚の一人でした。

ルール8

プレゼン資料を1ページ目から作るのをやめる

最初に「全体像のデッサン」を描く

さて、「ちょっとだけやって」から横に置いていた仕事がいよいよ本番となりました。すでに内容も難易度も把握しており、頼んでおいた情報も集まってきました。「よし、これだけ準備していれば、余裕で締め切りに間に合うな」、と浮かれているようではまだまだです。スタート直後に何をやるかで最終的なアウトプットの出来が決まってしまうからです。

デッサンを描いて方向性を固める

できる人の仕事のパターンを観察していると、新しい仕事に取り掛かった直後に「全体像のデッサン」――最終成果物の骨格――を描くことに注力しています。しかも、スタートダッシュ！　とばかりに、そこにかなりのエネルギーを注ぎ込んでいます。

前出の、「ちょっとだけやってみる」の伊東さんですが、たとえば一週間の期限付きのクライアントからの問い合わせがあったとします。彼は、最初の一日か二日の間に情報収集とチーム内での議論を集中させて、一気に結論とそこに至るための論理構成を行い、その内容を回答用プレゼン資料にこのような形で落としてしまいます。

・最初のページにプレゼンの目的を一行で書き込む
・最終ページに結論を箇条書きする
・本文のスライドごとにタイトルのみを記入する
・スライド内に貼り付けるグラフや図表もタイトルのみを記入する

この段階ですでに結論が決まっており、そこへ向けての論理構成をスライドのタイトルで順番に示しています。これが、最終的なアウトプットの骨格としての「全体像のデッサン」です。あとは、各スライドに必要なコメントと図表を貼り付けていく作業であるため、デッサンを描いてしまうと、実質的な仕事の8割は終わったのも同然です。言い換えれば、デッサンで最終的なアウトプットの質が決まってしまうのです。

もし、全体像のデッサンをしないまま、個別のグラフや図表を作成したり、文章を書き始めたとしたらどうなるでしょうか。それは、人物画像をいきなり髪の毛の先端から描き始めるようなものです。途中で「おっと、これでは足が半分切れてしまう」と気づいて、また一から描き直すことになりかねません。

できる人は、最初に描くデッサンに全身全霊を注いでいるのです。

気持ちの「ビフォー／アフター」をイメージする

私が外資系企業で経営の一端を担うことになったとき、メディア対応のためのトレーニングを受けたことがあります。メディアからの取材やインタビューを想定して、専門のコンサルタントからのレクチャーとロールプレイを半日がかりで行ったのです。

「業界紙の記者によるビジネス戦略についてのインタビュー」を想定したロールプレイのときです。始める前に、コンサルタントからこう聞かれました。「さて櫻田さん、このインタビューの前後で、記者の心にどのような変化が起きればいいのでしょうか？」

私は回答できずに、間抜けな顔で固まってしまいました。コンサルタントいわく、「最初にそのイメージをはっきりと描いて、すべての回答をそこへ向けていくのですよ」

つまり、インタビュー前に相手の心のビフォー／アフターを明確にイメージしておき、本番でどのような質問をされても、「アフター」につながる内容で回答することが、インタビューを受ける者のあるべき心構えだというのです。

事前に、相手の心のビフォーと最終的にこうなってほしいというアフターをイメージすること――これもインタビューを受けるという仕事に際しての全体像のデッサンです。

プレゼン資料における「デッサン」のキモとは？

このような考え方は、見込み顧客に対する営業用プレゼンテーション資料の作成などにも適用できます。

私たちは、プレゼンでは自分が伝えたいことを懸命に伝えようとしてしまいがちですが、プレゼンの本質的な目的はそこではありません。プレゼンの目的は、「聞き手の心を動かすこと」です。心が動くから、聞き手が商品購入や契約締結に向けて考え始めるのです。

そのためには、提案している商品やサービスの仕組みの素晴らしさや、どのように工夫されているかなどの、「こちら側の話」をいくら述べても効果はありません。「勉強になりました」「いい話を聞きました」で終わってしまいます。

聞き手の心を動かすためには、提案しているものが、あなたにとってどのようなメリットがあるのか、あなたのどのような問題を解決するのかといった「相手側の話」をすることが大切です。

「聞き手の心を動かす」プレゼンテーションのための「全体像のデッサン」とは次のようなものです。

①相手の心のビフォーである「問題の存在」と、アフターである「それが解決された状態」を明確にイメージする。
②プレゼンを通して、相手の頭の中にアフターが実現していくような筋書きを、相手側の言葉で順番に箇条書きしてみる。
③その内容を1分間で語れるストーリーとして紙に書いてみる（400文字程度）。
④書いたものを声を出して読んでみて、いま抱えている問題が解決されていくような気持ちになるのであれば、それをデッサンとして確定させる。

あとは、1分間のストーリーを膨らませていけばよいのです。これが、プレゼンにおける「全体像のデッサン」のキモとなる部分です。

ルール9

結論を出さない会議をやめる

「決める会議」をするための3つのルールを徹底する

労働時間短縮の流れの中で、立ったままの会議や、会議室の予約上限を一時間にするなどのルールによって会議時間の短縮を図る企業があります。あたかも会議悪玉説のような論調です。それほど中身のない会議であればメールなどの別の手段に置き換えてしまえばいいのですが、なぜか日本人は会議が好きです。

逆に、意味のある会議であれば、形式的な時間短縮は百害あって一利なしです。すなわち、仕事を前に進めるための質の高い会議をしっかりと行うということが大切なのです。

意思決定については第1章で紹介しましたが、ここでは管理職の皆さんが、「物事を決めるために」会議をどのように進めればよいかについて紹介します。

「決める会議」のための3つのルール

日本企業では、結論が曖昧のまま終わったり、決めきれずに先延ばしになったり、あるいは、後からぞろぞろと反対意見が出てきたりなど、「決める」という機能が十分に果たされていない会議をよく目にします。これでは、いくら会議時間を短縮したところで意味がありません。

会議で物事が決められない理由は、「決める人が明確でない」か、あるいは「決めるべき人が決めない」かのどちらかです。私が勤めていた外資系企業には、会議が「決める」という機能を果たすために、３つのルールがありました。

①その会議の意思決定者が誰であるかを常に明確にしておくこと
②最終的に意思決定者が下した判断を出席者は受け入れること
③決定内容はあとから覆されることは絶対にないこと

特に、①は日本の企業では曖昧になりがちですが、「決める会議」であるためには絶対に外せないポイントです。仕事の大小に関係なくどのような仕事でも、その件に最終的に責任を持つ人がいるはずで、その人が意思決定者です。課長が開催する課内の会議であれば、当然課長が意思決定者であるべきです。

会議の目的は合意形成ではありません。「決める」ことです。より正確に言うと、出席者の声に耳を傾けることで、意思決定者ができるだけ正しい選択をすることです。そこで、「みんなの意見は聞くが、最終的に決めるのは自分である」ということを、常にチームの共通認識としておくことが大切です。

この点を含めて３つのルールを明確にしておくと、課長におかしな結論を出されては困るし、あとから結論をひっくり返そうとするような寝技も通用しなくなるため、メンバーも自分の意見をその場でしっかりと主張せざるを得なくなります。

アタマを「決める」ことにロックオンする

3つのルールを踏まえた上で、会議の進め方には決まった方法があります。

冒頭で、意思決定者が必ずゴール宣言を行うのです。たとえば、「この会議のゴールは、今年の顧客セミナーのメインテーマを決めることです」など。

これは、メンバーのアタマを「メインテーマを決める」というゴールにロックオンさせるためです。すなわち、わき道に逸れるような発言をなくし、ゴールに向けた議論がなされるよう意思統一を図るのです。意思決定者も自らに「決める」というプレッシャーをかけることで、「決めるべき人が決めない」という事態が起きないようにします。

ゴール宣言では、「議題はセミナーのメインテーマについてです」などのユルイ表現は適切ではありません。必ず「○○を決めること」だと言い切ることが必要です。

ゴール宣言後も、原則として意思決定者自身が議長として会議を進行させます。メンバーの意見や議論を聞きながら自分の考えをまとめ、頃合いを見計らって議論を打ち切り結論を出します。なぜそう決めたかという理由もはっきりと述べます。どのような結論であれ、メンバーにはルールに従ってそれを受け入れてもらうので、これで、冒頭でロックオンしたゴールに到達です。

「議論を打ち切り結論を出す」――この意思決定者の毅然とした行動が「決める」という会議の機能を果たすことになります。

絶対にやってはいけない多数決

日本企業に多く見られる合意形成へのこだわりは、生産性低下の大きな要因となります。仕事を前に進めるためには、たとえ完全な合意形成がなされていなくても、責任者が強い意志で決めて実行段階に進めなければならないタイミングがあります。だからこそ、３つのルールの徹底が重要なポイントになるのです。

「自分がいない方が自由な議論ができるので、メンバーだけで議論を行って最終案を持ってこい」という管理職もいますが、明らかに二度手間です。それに、その人は承認するだけの人なのでしょうか。メンバーの持ってきた案が気に入らなくて却下したらやり直しです。何より、「うちのチームは管理職の前では自由に意見を言えないショボいチームです」と認めているようなものです。

また、絶対にやってはいけないのは多数決です。企業組織は民主主義の幼稚園ではありません。意思決定者がその場にいる理由は、議論を聞きながら自分が最良だと考える結論を出すためです。もし、多数決で構わないという程度の案件であれば、最初から誰かに決定権限を委譲して自分は出席する必要はないのです。

意思決定に関する管理職の役割は、「自分で決める」か「決める人を決める」かのどちらかです。

ルール 10

行動計画を決めない会議をやめる

メンバー自身の行動宣言で実行を確約させる

仕事が「決めて実行する」ことの繰り返しである以上、「決める」ことに加えてもう1つ忘れてはならない会議の機能が「実行を確約する」ということです。「決める」と「実行を確約する」という2つの機能をしっかりと果たして初めて、質の高い会議を行ったと言えるでしょう。この点を怠ると、決めたが行動しないという「会議あるある」が発生してしまいます。

「実行を確約する」会議であるためには、やはりムダのない進め方があります。

よく見る会議の終了パターンは、議長が結論を述べたあと、「ではAさんはこれをお願い。Bさんは……、じゃ、よろしく」とまとめてしまうものです。一見きれいな終わり方ですが、それでは必ずしも結論に従って実行されるべきことが確約されているとは限りません。

メンバーが結論を十分に理解していなかったり、自分に都合よく解釈していると、「それ、私がやることになっていたの？」「そこまでやれとは言われていないよ」など、せっかくの結論が実行に移されない事態が生じます。これでは会議の効果は半減です。

そこで、このようなことを防ぐため、会議のシメとして議長は必ず次の言葉を出席者に投げかけます。——「What’s the next step?（では、次のステップは？）」

本人が自分の言葉で約束する

これは、①誰が、②いつまでに、③何を、④どのようにやるのかを、役割を担う本人が宣言することを要求するものです。もちろん議長は頭の中に自分の答えを描いているのですが、わざわざメンバー自身に宣言してもらうのには、3つの理由があるからです。

1つ目は、全員の前で話すことによって、曖昧さと自分勝手な解釈をなくすためです。もし期限が漏れていたら、すかさず「いつまでに?」と誰かが質問しますし、やり方を言わなければ「どのように?」と聞かれます。自分に都合よく解釈していれば、「違うんじゃない?」と議長からのツッコミが入ります。

2つ目は、メンバーの主体性を促すためです。やるべきことは自ら言う、自ら貢献するというのがあるべき仕事の姿です。「仕事は主体的にやるように」と言うよりも、このようなアクションを通して体で覚えてもらった方がはるかに効果的です。

3つ目は、コミットメントレベルを上げるためです。人は他人から言われたことよりも、自分で言ったことに対してより強い責任意識を持ちます。「言った以上はやる」という気持ちによって、必然的にその後の行動もしっかりとしたものになります。

メンバーの宣言に漏れがあれば、議長は「この件は誰ですか？」と再度投げかけ、すべての行動の担当者と期限が明確になったところで会議を終了させます。議長の「ゴール宣言」で始まり、メンバーの「行動宣言」で終了する『サンドウィッチ会議』が、仕事の質を高めるための会議のカタチです。

図表4
「決めて」「実行を確約する」ためのサンドウィッチ会議

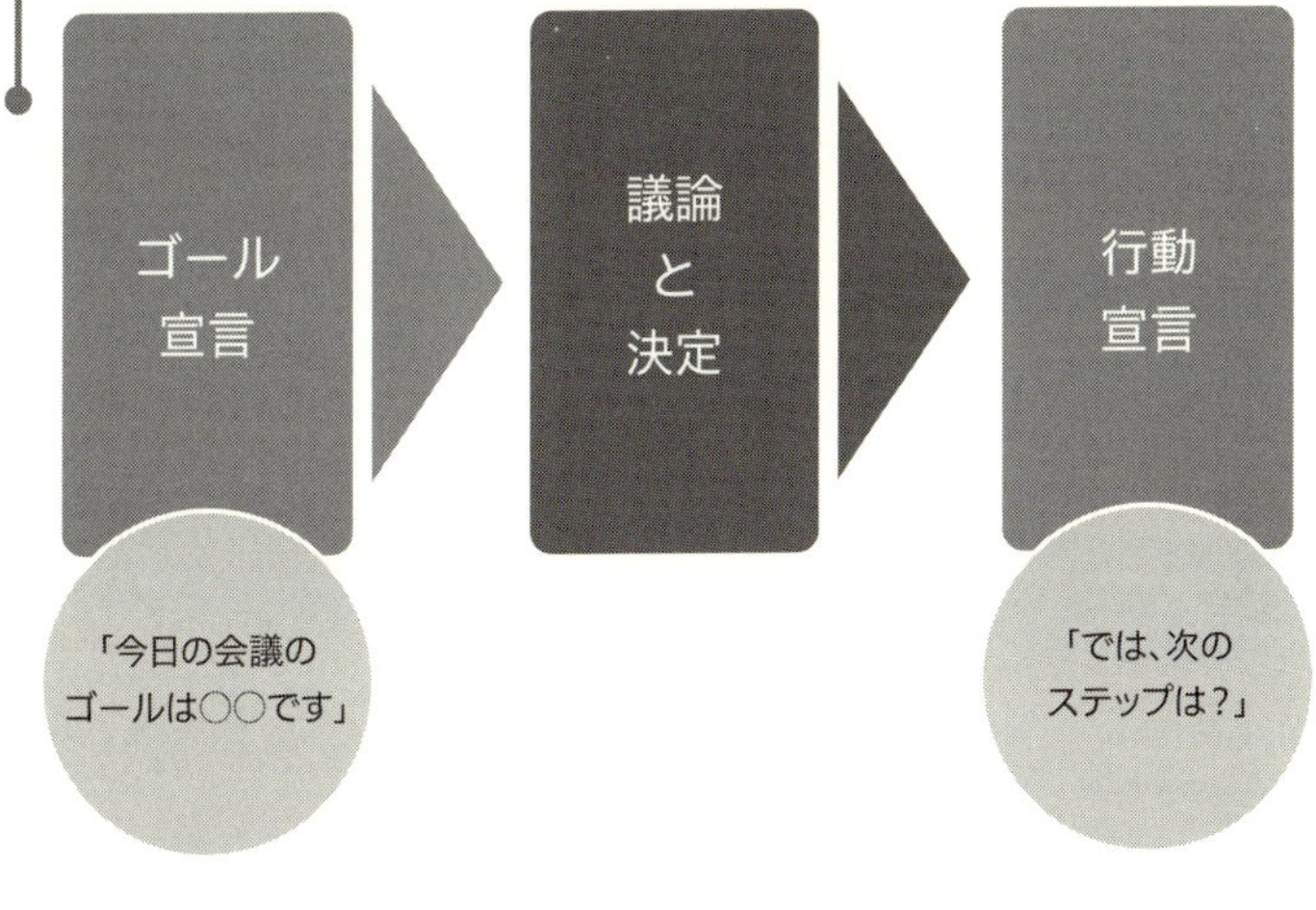

ルール11

時間差でフィードバックするのをやめる

リアルタイム・フィードバックがチームの成功を促す

管理職になって大きく変わることの1つが、部下とのコミュニケーションが発生するということです。同時に、日々の仕事に追われてその時間が十分にとれないというジレンマも、多くの管理職が経験することです。しかし、早く確実に成果を出すためには、適切な頻度で部下とコミュニケーションをとり、仕事にドライブをかけていくことが必要です。

定期ミーティングを半年分スケジュールに入れてしまう

私のいた外資系の会社では、優先度の高い仕事として「ワン・オン・ワン・ミーティング」と呼ばれる部下との定期的な個別ミーティングが行われていました。Aさんとは毎週月曜日の9時から30分、Bさんとは9時半から30分など時間帯を決めて、PC上のスケジュール表に半年先まで入れてしまい、よほどのことがない限り実行します。

ミーティングの頻度と時間は、役職レベルや部下の人数によって様々ですが、私の米国人上司は、私を含めた5名の役員クラスの部下とそれぞれ毎週45分ずつ行っていました。私は私で、直属の部下である4名の部長とそれぞれ毎週45分ずつという具合です。部長、課長レベルになると、各スタッフと毎週15分ずつ、あるいは、部下のうちリーダークラスの人とだけ毎週30分など、状況に応じて異なってきます。しかし、定期的に一対一のミーティングを持つということには変わりありません。

ワン・オン・ワンの目的は定期的に行う人事面談とは違い、日々の仕事のスピードと質をより高めていくための実務的なコミュニケーションです。話し合う内容は、仕事の進め方は効率的か、いま対処している問題の解決方法は妥当か、部下が困っていることや上司がサポートできることはないか、業務推進上、気になっていることはないかなど、仕事そのものを進めるためのものです。

時間はわずかでも、このようにして上司と部下が成果へ向けて力を合わせるための機会を持つことで、先の仕事に何倍もの良き影響を与えるレバレッジ効果（テコの作用）が生まれます。部下がムダなく仕事を進めるための管理職としてのコミュニケーションのとり方です。

米インテル社もワン・オン・ワン・ミーティングを効果的に行っている企業の1つです。元CEOのアンドリュー・グローブ氏も、「あなたの割く90分という時間が、2週間分あるいは80時間なにがしの部下の仕事の質を上げ、かつ、部下がやっていることについての理解が高まることになる。すなわち、ワン・オン・ワンが発揮するテコ作用は明らかに大きい」とその効果を述べています。（『HIGH OUTPUT MANAGEMENT　人を育て、成果を最大

にするマネジメント』アンドリュー・S・グローブ、日経BP社）

日常の会話やメールでは、どうしてもその場で思いついた内容になりがちです。定期的に時間を確保したワン・オン・ワンは、お互いが伝えたいことを事前にメモをするなど、明確な目的意識のもとで臨むため、日常のコミュニケーションとは質的に大きな違いがあります。

部下の成長のためのリアルタイムのフィードバック

ワン・オン・ワンで話し合うもう1つのことは、上司が部下に感じている仕事への姿勢や能力的な課題、仕事の進め方についての改善要求など、部下の成長に関わることです。

このような内容は、一般的には四半期や半年ごとの定期的な面談で話し合われますが、上司が気になっていることを面談の時まで放置しておくのは、大きな時間のロスです。部下の成長を可能な限りリアルタイムでサポートするためには、週一、あるいは月一で必要なフィードバックを行うことが効果的です。

ワン・オン・ワンは、仕事をより良く進めるために上司と部下が協力する時間です。一人ひとりの個性や強みを尊重したコミュニケーションであるために、一対一で行うことに意味があります。

「忙しい中、よくそのような時間をとることができますね?」と聞かれることがありますが、これは選択の問題です。もし、ワン・オン・ワンが、いまやっているすべてのことよりも優先順位が低いと考えるのであれば、そのような時間をとらないというのは妥当な選択です。

しかし、多くの外資系企業のマネジャーたちは、仕事にレバレッジをかけるために必要なコミュニケーションとして、さらに、部下の成長をリアルタイムでサポートするための機会として、優先順位の高い仕事として定期的なワン・オン・ワン・ミーティングを位置付けています。その方が、早く確実に成果につながるからです。

《補足》成果認識のギャップ修正

上司は部下の成果を可能な限り正確に認識・評価する責任がありますが、実際は必ずしもすべての部下の成果を100パーセント正確に理解しているわけでありません。また、部下は部下で、自分の成果を過大評価しがちです。そのため、上司と部下の間には常に成果に対する認識ギャップが発生しています。

そのような状態で年一回の定期面談、あるいは半年ごとの中間面談に臨むと、その場で認識ギャップが露見して、両者の信頼関係が揺らぐ要因になりかねません。この事態を未然に防ぐためにも、より高い頻度で両者の認識を擦り合わせておく必要があります。

ワン・オン・ワンの中で、部下は自分の成果を遠慮せずにアピールし、上司は自分の認識を伝える。もし食い違いがあればその場で話し合うことで、両者の認識ギャップは解消されていきます。

時間差なしでこのようなコミュニケーションをとっておけば、年度末の業績評価面談は、普段のコミュニケーションを確認するだけの場となり、ものの5分で終わります。私と上司との面談は毎回そうでしたから。

ルール12

「とにかくやってみる」という熱意のカラ回りをやめる

「仮説・検証」のループで正解に早くたどり着く

かつて、深夜帰宅でたまたま乗った個人タクシーが、何とベンツでした。「まさかのボッタクリ!?」と一瞬頭をよぎった思いを打ち消しながら、「ベ・ベ・ベンツですね」と運転手さんに話しかけると、昔話でも語るかのようにベンツ購入秘話を聞かせてくれました。

仕事で深夜帰宅する客は車種を選んでいる

数十年間のタクシー会社勤務後に独立を決めたとき、車はベンツにしようと思った。なぜなら、残業で深夜帰宅するような人の多くは、乗り心地や安全性の点から、グレードの高い車種を選んで乗ることを経験上知っていたからである。ベンツなら当然、選ばれる確率は高く、収入も増えることが期待できる。

問題は、大金をはたいてベンツを買っても、それに見合うほどの収入増になるのかという点。そこで、非番の夜、タクシーの溜まり場で、無条件に先頭の車に乗る人とハイグレード車を選んで乗る人の数を、数日間にわたって調査した。結果をもとに試算すると、「十数年でもとはとれる！」という確信を得ることができた。

運転手さんがたった一人でそこまでやって、生活をかけてベンツ購入の決断をした話に感動してしまいました。さらに話は続きます。

思い切って奥様にその話を切り出したところ、「アンタ、なに馬鹿なこと言ってんの」と相手にしてもらえなかった。そこで、調査現場に連れて行き、客がハイグレード車を選ぶ様子を実際に見せたところ、「まあ、アンタがそこまで言うのなら」と了解してくれたとのこと。――無理やり押し切るのではなく、納得してもらおうとするこの行動も素晴らしいです。

「うまくいっているのですか？」と聞くと、悪い想定外と良い想定外が1つずつ。悪い方は、予想通りに次々とお客さんが自分の車を選んでくれるのだが、他の個人タクシー仲間から「ここでの客待ちは勘弁してくれ」と泣きが入って、溜まり場を追い出されたこと。

良い方は、リピーターのお客さんが増え、そのうち何人もが休日の接待ゴルフの送迎に使ってくれるようになったこと。安定した固定客となり、ローンの返済も計画通りにいっているとのことでした。

仮説・検証のループで正解に早く到達する

考えることは得意でも行動することが苦手な日本的風土への反動か、「とにかくやってみる」ことの重要性があちこちで唱えられています。行動派を自任する人たちも、四の五の考えている暇があったら「やってみたらわかる」と、まず行動することを主張します。私もこの考え方には賛成です。

しかし、そのような人でも、いち早く正解にたどり着いて成果を出し始める人と、なかなか成果の出ない人がいます。このような差が出るのは、「やってみる」の中身が違うからです。すなわち、「仮説・検証のループ」で仕事をしているかどうかなのです。

ベンツの運転手さんは、深夜の長距離客はハイグレード車を選んで乗るという経験則を仮説として立て、その割合が一定以上であれば元がとれるというシナリオの下に、実地調査でそれを検証したのです。決して、必死で頑張ればローンを返せるという根性論で購入を決めたわけではありません。

私は証券会社時代の上司から、このように言われ続けていました。「思いついたアイデアをどんどんお客様にぶつけて、生の反応を確認しろ。ただし、早く確実に役に立つ商品を作るためには、必ず仮説を立ててそれを検証するように」。

○○という理由で、このようなお客様のニーズに応えることができるという仮説

○○という理由で、このタイプは食いつきがよくて、こっちはそうでもないという仮説

○○という理由で、ここを改善したことで反応が良くなるという仮説

お客様の反応が仮説通りであれば、そのアイデアに至るまでの思考プロセスの

図表5
仮説・検証は正解への最短ルート

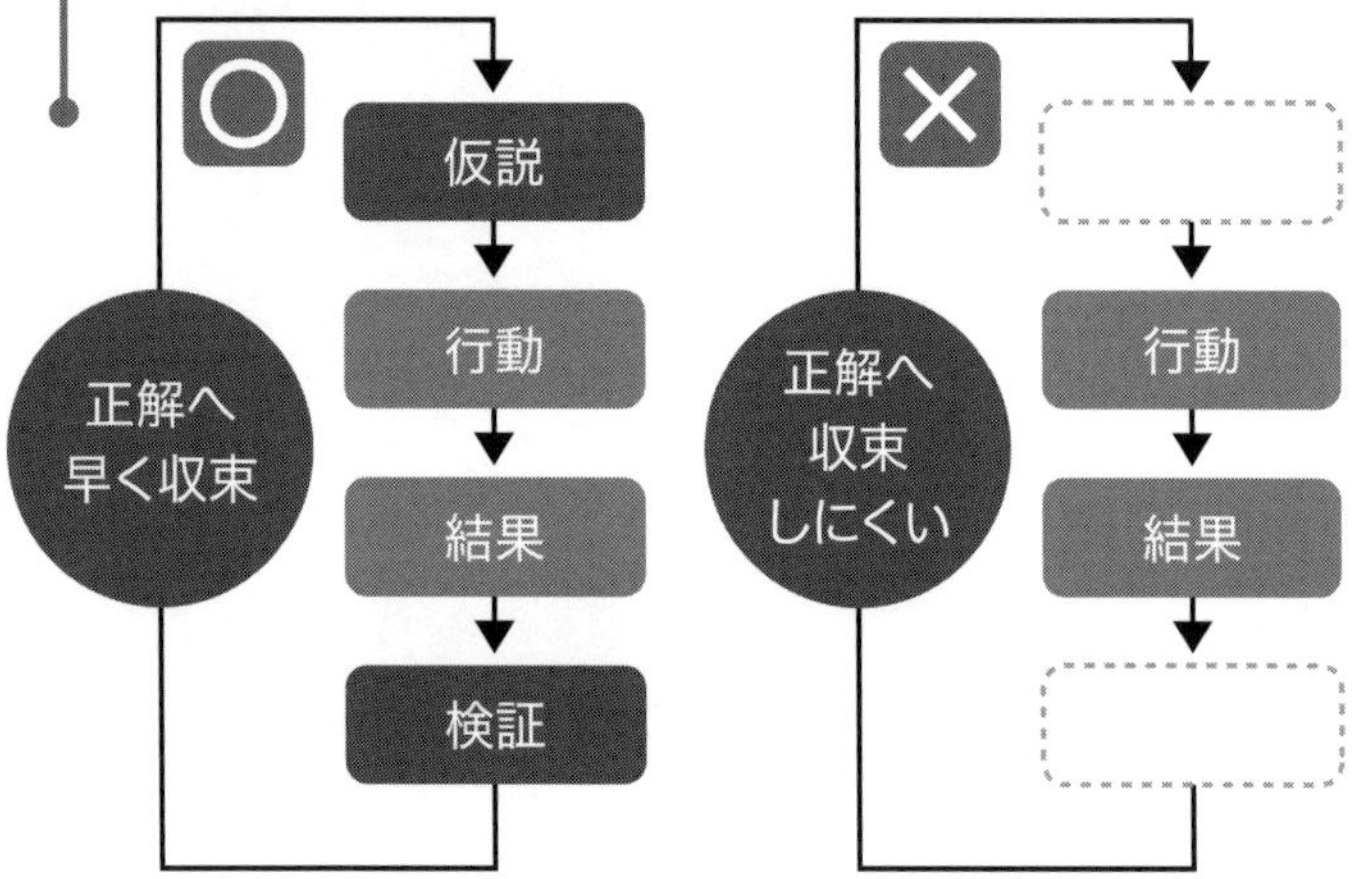

妥当性が証明されたことになり、自信を持って商品化を進めることができます。そうでなければ、仮説と照らし合わせることで、考え違いを究明してアイデアの改善や変更を行うことができます。そして、また仮説を立てて再チャレンジです。

「やってみること」は大切なプロセスです。ただし、せっかくやるのであれば、正しい方法で試行錯誤を行う方が早く正解にたどり着きます。部下の「やってみます！」に対して、上司として「どのような仮説を立てているの？」とひと言声をかけるだけで、部下の行動を一段質の高いものに変えることができるのです。

ルール13

Ａ４紙一枚にまとめるために縮小コピーする笑えない作業をやめる

ルールで縛るのではなく仕事の趣旨を理解させる

資料はＡ４の紙一枚にまとめるべしという「Ａ４一枚ルール」の話を時々聞きますが、メーカーに勤める友人の時田さん（仮名・50代）から笑うに笑えない話を聞きました。

形式的なつじつま合わせがムダな時間を生んでいる

部内の打ち合わせで配付されたＡ４紙一枚の資料の文字が、老眼進行中の身にはきついほど小さかった。そこで、資料を作成した部下に聞くと、どうしても内容を削れなかったのでＡ３サイズで作成してＡ４に縮小コピーしたとのこと。「Ａ４一枚ルールですから」「お前、そういうことじゃないだろ」と言っても、「前の部署ではこれでよかったんですけど」と悪びれもせずに言う。「ウチの会社、大丈夫か」と不安になったそうです。

「Ａ４一枚ルール」の趣旨は、言うまでもなく、要点を端的に整理することによって、短時間で伝えたいことを伝えるためです。この趣旨を理解している人は、目的と結論を最初に書き、結論に至る根拠を箇条書きで続けるなどして、うまくＡ４一枚に収めようとします。それを繰り返していると、本質を的確に伝えるための力も鍛えられていきます。

一方、「Ａ４一枚ルール」の趣旨を理解していない人は、形式的なつじつま合わせに走ってしまいます。時田さんの部下のように、縮小コピーしたり、文字サイズを8ポイント（極小）に下げたり、印刷余白をほぼゼロにするなど。これでは本質を伝える力は磨かれず、伝えたいことも伝わりません。何より、そのような作業に費やす時間がムダです。

趣旨を徹底してやり方は任せる

時田さんは、この笑ってしまうような縮小コピー事件で2つのことに気づいたそうです。1つ目は、何のためにそのルールがあるのかといった、ルールの趣旨を徹底させてこなかった自分たち管理職の責任。2つ目は、ルールが目的化して、かえって仕事が非効率になっているということ。

今回の部下の資料も、確かにA4一枚では収まりそうにない内容を、無理やり収めようと努力しているのです。そんなことに時間を使うぐらいなら、二枚になってもいいから、さっさと作ってしまう方がよっぽどましではないのかと思い直したとのことです。

そこで、「A4一枚ルール」の趣旨を再度部員に徹底した上で、部内ルールを「原則A4一枚だが、必要性があればこだわらない」と変更しました。「原則一枚」で、内容を的確に要約することへの努力は続けながらも、形式的に帳尻を合わせるために不毛な努力や時間を費やす必要はない、ということにしたのです。

公共機関に勤める知人のKさんからも同様の話を聞きました。彼の部門には「資料は白黒で作成する」というルールがあるそうです。印刷コストを問題にしているのではなく、どの色を使うかを考える時間がもったいないという理由らしいのです。

しかし、Kさんが言うには、エクセルで折れ線グラフを作成するときに、複数の線を白黒でも識別できるように、線の種類や太さを確認しながら一本一本、マニュアルで設定しなければならない。自動設定されるカラーグラフをそのまま使えれば楽なのだが認めてもらえない。結局、白黒ルールのせいで資料作成に何倍も時間がかかっているとのことです。

エクセルをほとんど使ったことのないエライさんが、独りよがりのアイデアで秒単位の効率化を図ったつもりになっている状況に、ほとほと嫌気がさしているとのことです。これも、「社内資料は体裁を気にせずに最短の時間で作成すること」という本質を徹底して、どうするかは社員に委ねればよいのです。

当たり前のルールの見直しを

ルールには、いつのまにか趣旨から離れて独り歩きをして、無駄な作業を増やしているものがあります。生産性を高めようとして新たなルールを作るとき、あるいは、職場で当たり前のように運用されているルールがあるとき、次のような視点であらためて見直してみてはいかがでしょうか。

①そのルールの本来の趣旨は何か?
②ルールの厳格な運用によって弊害が出ていないか?
③趣旨に則ってルールを弾力的に運用できないか?
④趣旨を徹底することでやり方を任せることはできないか?

細かいルールで人の行動を縛り付けて効率化を図ろうとする発想は、ときとしてメンバーに不要のストレスを与えて想像力を奪ってしまいます。そうならないためにも、趣旨を徹底してやり方は一人ひとりに任せることが大切です。もし趣旨と行動にずれがあれば、その場で個別に改善を促していけばよいだけの話です。

そのようなスタイルで仕事をしているのが、細やかな気づかいの接客で定評のあるスターバックスです。スターバックスコーヒージャパンの元CEO・岩田松雄氏によると、同社にはサービス・マニュアルなどというものは存在しないそうです。その代わり、仕事を行うに当たっての世界共通の基本的な精神が、「ミッション」として周知徹底されています。

『人々の心を豊かで活力あるものにするために――一人のお客様、一杯のコーヒー、そして1つのコミュニティから』

このミッションの本質的な意味を、仕事や研修を通じて徹底的に考え理解して、一人ひとりがお客様のためにできることを主体的に実践することで、質の高いサービスが生まれているとのことです。細かいルールに価値があるのではなく、その趣旨を理解して、最適なやり方を考えて行動できるメンバーに価値があるのです。

本書で取り上げている36のルールも、読者のあなたがその趣旨を理解して、柔軟に応用していかれることを願います。

コラム

外国人幹部に一発で気に入られる必殺ワザ

アルファベットしか使わない欧米人は「漢字」に興味津々です。デザイン的な見た目のクールさだけでなく、何せ、1つ1つの文字が意味を持っているのですから、まさに神秘の国ニッポンです。「ということは、お前らの名前には、それぞれ何か意味が込められているのか？ そりゃすごい！」つうわけです。

「櫻田」はどういう意味だ？ と聞かれるたびに、えー、cherry blossom field（桜の花が咲いている田園）でありまして……、と説明をすると「オゥ、グレイト！」。「だからといって、僕のことをチェリーとは呼ばないでね」というオチまでつけておくとパーフェクトです。

そこで、米国本社出張のときに筆ペンと小型の色紙を持参し、その場で相手の名前を漢字で書いてプレゼントしました。これがバカウケ！

たとえば、トム・ライアン氏には『登夢頼安』。「何、何、どういう意味だ？」と来るので、

「えー、登夢（トム）は夢に向かって登っていく人、それから頼安（ライアン）は信頼して安心できる人――おおっ、まさにあなたのことです！」。

それを聞いたトムは、盆と正月とハロウィンとイースターがまとめてやってきたような満面の笑みで、「ワーオ、グレイト！　お前は何ていい奴なんだ」。よほど嬉しかったらしく、個室の壁にピンで留めて、訪れる人に片っ端から自慢していました。

このように、世の中には「自分にとっては当たり前でも、相手にとってはありがたいもの」があります。「認識価値ギャップ」の存在です。人間関係の構築に限らずビジネス全般においても、相手との「認識価値ギャップ」をうまく利用することで、省エネ効果抜群のムダのない仕事の進め方をすることができます。筆ペンと色紙だけで初対面の相手に気に入ってもらえるのですから。

第3章

時間活用

スピード感を生む時間活用のルール

日本企業から外資系企業に転職した知人たちに、両企業で感じた大きな違いは何かを質問すると、十人のうち七人から八人までもが「スピード感」だと答えます。残念ながら日本の方が遅いということです。これは、日本と欧米のビジネスパーソンの間に、「時間の価値」に対して大きな意識の差があるからです。

アタマの中で「チャリン」と音が鳴る

世界最強と言われる米国投資銀行の著名アナリスト・高石さん（仮名・40代）から、かつてこのような話を聞きました。「社内会議で他部門の人に出席をお願いした場合、出席時間に応じた費用を、その部門に支払わなければならないんですよ」

当時、日本の証券会社で働いていた私には、その意味がすぐには理解できませんでした。そこで、理由を聞くとこのように教えてくれました。

企業が売上と費用、利益などの数字を意識して経営されているように、社内の各部門も独立採算意識で運営されている。本来、自分が所属している部門のために使う時間を、他部門の都合で招集された会議に使うのだから、その分は相応の費用を支払ってもらうという理屈である。

「おうっ！　さすが外資系のゼニ・カネ主義」と思いながらも、そこまで厳密にコスト管理をする必要があるのかと尋ねると、「実は、会議の出席費用なんて金額的には大したことないんですよ。そのようなルールの中で仕事をすることによって、社員が時間とコストに対する意識を持つことが大事なんです」

会議コストの付け替えルールを実践することで、時間を使うたびにアタマの中で「チャリン」とお金の音が鳴るようになるとのことです。

発言しないのになぜいるの？

その数年後、私も米国系の資産運用会社で働くことになるのですが、海外から日本に出張してくる同僚たちのアタマの中でも、同じように時間に対して「チャリン」という音が鳴っていることに気づきます。というのも、日本企業との打ち合わせの後、誰もが私に同じ質問をするのです。

「全く発言しない人たちは何のためにいるの？」
「持ち帰って検討するって、なぜその場で決めてくれないの？」

彼らの目には、黙って座っているだけの人のコストが「チャリン」と、あるいは、意思決定が先延ばしになることで費やされる時間に、また「チャリン」とお金が流れ出ているように映るのです。トヨタを筆頭とする製造業の生産ラインで驚異の効率化を実現した日本人が、なぜこのような時間の無駄を放置しているのか？　彼らにはどうにも理解できないのです。

発言しない人が打ち合わせに出席しているのも、結論を先延ばしするのも、日本企業ではよく見られる光景です。もちろんそれなりの理由があってのことですが、時間の持つ価値を真剣に考え抜いた上で、本当にそれが最適なやり方だと思っているかどうかは疑問です。

管理職としてのあなたがスタッフの時以上に意識すべきことは、この「時間の価値」

です。なぜならば、自分のことだけでなく、部下の時間に対する強い影響力を持つことになるからです。

「時間は貴重だ」「時間は限られている」「スピード感が大切だ」――このような意識は、あなたも十分に持っているとは思います。しかし、その気はなくても意外と無駄な時間の使い方をしていたり、部下に非効率な時間の使い方をさせていたり、スピード感に欠ける仕事の仕方をしていたりすることがあります。

そこで本章では、時間の価値を理解して時間の使い方を工夫することによって、仕事を確実かつ迅速に進めていけるようなスピード感を生む時間活用の方法について紹介します。

ルール14

「いた方がいいから」で会議に参加させるのをやめる

日本の会社にありがちな「あった方がいい病」を撲滅する

時間の価値意識が低い日本人ビジネスパーソンを、「日本人は人のサイフは盗らないが、人の時間は平気で盗む」と評する外国人もいます。痛いとこを突くなー、とは思いますが、言われっぱなしにしておいていいわけがありません。

上司「君もいた方がいいから、この会議に出席しておいてくれない？」
ジャック「なぜですか？」
上司「何かの参考になるかもしれないので」
ジャック「私が必要なら出ますが」
上司「あっ、いや、別にそういうわけでは……」
ジャック「じゃ、仕事します」
上司「うぐぐ……」

実際にこのような会話があったわけではありませんが、もしこれが、一般的な日本の企業だったらどうでしょう。部下の「はい、わかりました」のひと言で終わりです。でもそれは、もしかしたら上司が部下の時間を盗んでいるのかもしれません。

「あった方がいい」は正しい選択とは限らない

生産性を低下させている原因の1つが、「出席しておいた方いいから」で、いたずらに会議の出席者を増やしてしまうような「あった方がいい病」です。会議だけでなく、「あれも調べておいた方がいいから」で検討項目を膨れ上がらせたり、「この人にも話をしておいた方がいいから」で関係者を無限増殖させたりしているのです。しかも、そのことを自覚していないことが問題をさらに深刻にしています。

限りある時間は有効に使うべし、ということに異論を唱える人はいません。しかし、「あった方がいい病」にかかってしまうと、そのことがスポッとアタマから抜けてしまいます。というのは、「あった方がいい」というのは、そこだけ切り取れば正論だからです。ジャックの場合も、出席すれば得るものがあるかもしれない、という点だけ見れば正論です。

しかし、その正論は、効果がゼロではないということを言っているにすぎません。かけた時間に応じた効果があるのか、他の選択肢と比べても価値があるのか、つまり生産性の観点からは何も言っていないのです。その点をわきまえずに、「あった方がいい」を安易な判断しまいます。

基準にしてしまうと、相対的な時間のムダ使いが増えて生産性低下のドツボにはまり込んで

時間対効果で判断する

上司は、「ジャックが会議に出ておいた方がいいかどうか」ではなく、ジャックの限られた時間の中で、「会議に出るのと、いまやっている仕事を続けるのとでは、どちらにより意味があるか？」を判断基準とすべきです。

生意気なところはあっても、仕事はできるジャックです。時間を使えば使っただけの成果を出す力を持っています。であれば、「決して必要だというわけではないが」という会議に貴重な時間を使わせることは良い選択とは言えません。

「あった方がいい」を英語では「nice-to-have」と言います。これに対して「必要不可欠」は「must-to-have」です。私たちは、米国本社のグローバルＣＥＯ（要するにグループで一番エライ人）から常に、「nice-to-have ではなく must-to-have で仕事をしろ」言われてきました。nice-to-have を基準にするといくら時間があっても足りない上に、ノイズが増

えて本当に大切なものを見失ってしまうからです。

会議への出席者の人選は、ポジションが高くなっていくとよりシビアになります。

ある資産運用会社の月例戦略会議で、毎回、ほとんど発言をしない部長が、米国人社長の「No contribution（貢献していない）」のひと言で会議メンバーから外された上、降格させられたという話を友人から聞きました。部門の代表として会議に貢献できないのであれば、身の丈に応じた仕事をやってちょ、ということです。もちろんそこに「いた方がいいから」などという発想はみじんもありません。

上司の言葉に部下はなかなか反論できません。そこで、もしかしたら管理職としての自分が、「あった方がいい」で部下の時間を奪ってはいないだろうかと、時々自問自答してみることが必要です。そのような視点で仕事を見ていくと、時間の価値に対する感覚が研ぎ澄まされていきます。

図表6
「あった方がいい病」を撲滅するために

このような「あった方がいい」は本当に必要か？

・参考になるかもしれないので会議に出席しておいた方がいい
・勉強になるかもしれないので彼も同席させておいた方がいい
・メールで連絡したが念のために電話で確認しておいた方がいい
・判断材料としてそのことについても調べておいた方がいい
・不満が出ないように全員の意見を聞いておいた方がいい
・あれば便利だから購入しておいた方がいい
・いつか使うかもしれないからファイルを保存しておいた方がいい
・この機能はあれば便利だから付けておいた方がいい
・このデータは役に立つかもしれないから資料に添付しておいた方がいい

安易に認めてはいけないもの

・ないよりはあった方がいい程度のもの
・目的に照らし合わせて必要不可欠ではないもの
・その時間やコストを別のことに使った方が意味があるもの
・時間やコスト対効果で価値の低いもの
・迅速な仕事の阻害要因になっているもの
・特定の人のためだけにわざわざ準備するもの
・プラスの意味はあるがその影響が微細なもの

ルール 15

返信を先送りするモラトリアム・メールをやめる

即断・即決・即返信でコミュニケーションの好循環を生む

30年間以上、数多くのビジネスパーソンと関わってきた私の経験から声を大にして断言できるのは、「仕事ができる人のメールの返信はとにかく速い」ということです。外資系金融トップのCEOから、グラフ作成や経費精算で仕事をサポートしてくれるアシスタントに至るまで、できる人からは本当にサクサクと返事が来ます。

基本は「保留メール・ゼロ運動」

先日、某サービス企業の副社長に打ったメールに対しても、数分後には返信があり、その後の往復二回半のやり取りで用件終了です。この間、わずか15分。某国際派弁護士先生に送った質問メールに対しても、10分後には完璧な内容の返信があり、これまた、あっという間に用件終了。このような例は数え上げたらきりがありません。

彼らは、とてつもなく忙しいがゆえに、お客様とのやり取りだろうが、部下からの報告に対するコメントだろうが、大事な決裁事項だろうが、忘年会の日程調整だろうが、とにかくビシバシと返信して、自分の側に案件を溜めないようにしているのです。

イノベーションを起こし続ける企業として有名な、米グーグルの元CEOエリック・シュミット氏らも著書の中で同様のことを言っています。

「私たちが知っているなかでもとびきり優秀で、しかもとびきり忙しい人は、たいていメールへの反応が速い。私たちなどごく一部の相手に限らず、誰に対してもそうなのだ。メールにすばやく返信すると、コミュニケーションの好循環が生まれる」（『How Google Works 私たちの働き方とマネジメント』エリック・シュミット、ジョナサン・ローゼンバーグ、アラン・イーグル、日本経済新聞出版社）

雑誌やネットで「返信は優先順位をよく考えてから行うべし」とアドバイスするメールの達人（自称）もいますが、ビシバシ連中は、優先順位を考える時間さえもったいないと思っており、基本的には片っ端から返信してしまいます。

せいぜい、メールソフトの機能を使って、案件別フォルダーへの自動仕分けや優先度に応じた色分けを行い、受信メール画面を見た瞬間、ゼロ秒で優先メールを判別できるようにしているぐらいです。私も一日に数百件のメールを受信していたので、クライアントと日本法人ＣＥＯなどの上司筋、直属の部下のメールには色設定を行っていました。

「保留フォルダーを作って未返信メールをまとめておく」とのノウハウも目にしますが、

ビシバシ連中は「保留フォルダー？　全部その場で返信するからそんなモン要らんだろ」という反応です。「下手にそんなモン作ったら、書類の未決箱と同じで、そこに入れて安心してしまうがな」とのこと。

先ほどのエリック・シュミット氏らも「受信トレイを眺めながら、どのメールから返信しようか悩んでいたりしないか。（中略）（そんなことを）考えるのは完全な時間のムダだ」とも述べています。高生産性ビジネスパーソンの基本は「保留メール・ゼロ運動」です。

高速返信は決断力の表れ

さて、メールの返信が速いことと仕事ができるということには、どのような関係があるのでしょうか。実は、ここが大事なところなのです。

高速返信族の本質的な強さは、決してタイピングが速いとか、頻繁にメールを確認しているとかではありません。彼らの最大の特徴は、決断のスピードが速いことです。

単なる情報共有のメールなどは別として、部下の提案に対する判断から日程調整やミーティングへの出欠まで、ことの大小にかかわらず、多くのメールは何かを決めなければ返信できないものです。それにビシバシ返信するということは、すなわちビシバシ決めているということです。

高速返信族はメールだけでなく、あらゆる場面で決断の速さが抜きんでています。その結果、仕事のスピードが速まり、時間当たりのアウトプットも高くなります。保留フォルダーにメールを入れるというのは決断を保留するモラトリアム行動であり、そんなものは生理的に受け付けないのです。

逆に、低速返信族は、読んだメールにどう返信してよいのかをすぐに決められない人が多く、仕事のスピードも残念ながらイマイチです。そのことを知っている高速返信族は、口に出してこそ言いませんが、メールの返信スピードで相手の力量を測っています。

このように、迅速な決断力がメールの返信スピードを高めているのであれば、逆に、メールへの返信スピードを高める努力を続けていけば、それがトレーニングとなって、次第に決断のスピードも速くなっていきます。ニワトリが先かタマゴが先かなんて考えている暇があったら、一秒でも早くビシバシとメールを返信してしまいましょう。

《補足》人の時間を大切にする世界屈指の資産家

かつて、世界トップクラスの資産家・投資家である、ジム・ロジャーズ氏の来日講演会に参加したことがあります。多くの投資関係者が、ロジャーズ氏の経済・市場見通しに関する発言に関心を寄せるほどの大物投資家です。

講演が終わり質疑応答に入るとき、ロジャーズ氏は会場関係者に対して、質問者用のマイクを2つ用意して、次の質問者にもあらかじめ渡しておくよう依頼していました。マイクが質問者の間を移動する数秒の時間さえもったいないというわけです。何人目かの質問者のあとにそれがうまくできていなかったとき、「言ったじゃないですか！」と厳しい口調で注意をしていたほどです。

時間内にできるだけ多くの人の質問に答えるため、質問も一人1つに限定したり、前置きが長い人には「質問をしてください」と促すなど、集まってくれた参加者の時間を一秒たりともムダにしたくないという配慮を感じました。

成功する人ほど時間の価値を知っており、だからこそ人の時間も大切にしているのです。

ルール16

仕事を止める「ボトルネック上司」をやめる

「12時間ルール」で相手に仕事を渡しておく

天下無敵の高速返信族も、さすがに、24時間態勢でメールの受信をモニターしているわけではありません。彼らなりのやり方で速い返信スピードを維持しています。

常に相手にボールを渡しておく

30代で米国系証券会社のマネジング・ディレクター（執行役員格）になった深田さん（仮名・30代）は、すべてのメールに対して、受信時刻（開封時刻ではなく）から12時間以内に必ず返信する「12時間ルール」を実践していると言います。

たとえば、朝10時の受信メールには夜10時までに、夜10時の受信メールには翌朝10時までに。12時間あれば、どこかでチェックして返信するぐらいの時間はとれるだろうということです。すぐに十分な内容の返信ができない場合でも、「読んだが、ちゃんとした返信は明日になるのであしからず」というメールを、必ず12時間以内に返すそうです。

これまで私も、24時間ルールは何度か聞いたことがありますが、12時間ルールは深田さんが初めてです。このスピード感は、さすがの若手エリートです。

コミュニケーションはキャッチボールのようなものです。12時間ルールや24時間ルールの狙いは、できるだけ相手側にボールを投げた状態にすること、つまり、仕事を常に相手側に渡しておくことです。特に、部下からのメールを上司が握りこんでしまうと、部下にアイドリングタイム（待ち時間）が生じ、それが積み重なってくると、上司がボトルネックとなってチームの仕事の停滞を招いてしまいます。

部下も遠慮して指摘しないので、上司本人はそのことが自覚できません。ポーカーゲームの格言、「誰がカモになっているのかわからないときは、たいてい自分がカモになっている」と同じで、人は、自分がマズい状態にあるときほど自覚できないのです。

だからこそ、深田さんは12時間ルールといった決めごとによって、自覚しにくいマズい状況が起きないようにしているのです。

ムカッときたメールには「逆12時間ルール」

さらに深田さんいわく、「相手を大切に思えば、待たせることなんてできないんですよ」。できるだけ早く返信するという行動の根底には、相手の時間をムダにしないという気持ちがあるのです。そのような気持ちが行動を通して部下や顧客に伝わると、単にスピード感のある人というだけでなく、自分を大切にしてくれる人、信頼できる人だと思ってもらえ、仕事は加速度的にやりやすくなります。

逆に返信が遅いと、相手を不安にしたり無視されていると思われたりします。顧客にやっと返したメールに「遅くなって申し訳ありません」の一文を書き忘れただけで、内容に関係なく失礼な人だと思われてしまうことさえあります。12時間ルールは、相手を大切にしたいという気持ちが根底にあることで、結果的に良き関係づくりにもなっているのです。

深田さんの「12時間ルール」には裏ルールがあります。

「こいつ何言ってんだ！」といった、ムカッとくるようなメールが来たとき、その感情のまま即断・即決・即返信を行うと、今度はそのメールで相手をムカッとさせてしまい、感情的で非建設的なやり取りに発展してしまうそうです。このようなときには、あえて12時間以上たってから返信する「逆12時間ルール」に従うとのこと。時間をかけてアタマをクールダウンさせながら、多少なりとも相手の気持ちに思いをはせ、修行僧のような半開きの眼で心静かに送信ボタンをクリックするそうです。

ムカッとしたときほど「地獄へ落ちろ！」と高速返信していた愚かな自分を、まだまだ修行が足りないと深く反省した櫻田です。

ルール17

スキマ時間の活用＝生産性向上という思い込みをやめる

「集中力の使い方」でチームを前に進める

日々、多くの案件に対応している管理職は、常に、上司、部下、同僚といった全方向からの時間分断圧力の中で仕事をしています。しかし、チームを動かすための方針策定や、生産性を高めるための態勢づくりなど、自分にしかできない仕事もたくさんあり、そのための時間を確保する必要があります。

仕事の質を高める「まとまった時間」の確保

仕事にはこま切れのスキマ時間の累積で可能なものと、まとまった時間で集中力を高めて行わなければ成果が出ないものとがあります。メールの返信や事務作業などは前者で、全体像のデッサンや業務方針の構築などは後者です。

管理職は、後者のような重要な仕事のために、高い集中力を発揮するためのまとまった長さの時間を確保することが必要です。

脳科学者の茂木健一郎氏によると、人が集中して頑張っているときには脳の前頭葉の回路が動いているが、その回路を動かすための一日当たりのエネルギーの総量は決まっているそうです。茂木氏はこれを「脳のロケットエンジン」と呼んでいます。エンジンを噴射しているときは頑張れるが、その分、燃料が減っていくのです。したがって、状況に合わせて「頑張る」のペース配分を行うことが大事だとしています（出所：『結果を出せる人になる！「すぐやる脳」のつくり方』茂木健一郎、学研パブリッシング）。

ということは、仕事の質を高めて生産性を向上させるためには、どの仕事にどれだけの時間を使うかといった「時間の使い方」だけでなく、どの時間に脳のロケットエンジンをまとめて噴射するのかといった「集中力の使い方」に注力する必要があります。

邪魔されない時間をスケジュールに入れてしまう

私が勤めていた資産運用会社では、CEO（社長）からアシスタントに至るまで、全社員のスケジュールがPC上で共有できるようになっていました。ミーティングの日時調整も、関係者全員が都合の良い時間帯が自動表示されるので、そこを狙ってボコッと一方的に入れてしまって構わないというルールもありました。入ったミーティングに対して「その時間はちょっと……」と断ることは原則できません。

そこで、多くの人が自分のスケジュール表のあちこちに、2〜3時間のまとまった単位で「HOLD」というタイトルをつけた予定を入れています。HOLDとは、つかむとか保持するという意味ですが、要するに、「この時間は自分のために押さえてあるので、ミーティングを入れてはいけないのだ」ということを表明しているのです。

彼らは、このようにしてまとまった時間を確保して、そこで重要で高い集中力が必要な仕事を行います。複数のことを同時に行うことはせず、あくまでもシングル・タスク（1つの仕事）に集中します。もちろん、メールのチェックや事務作業には手を出しません。

質・量ともに膨大な仕事をこなしていた私の上司・M氏は、あらゆるミーティングを月曜日に集中させていました。その日は、部下とのワン・オン・ワン・ミーティングを中心として、朝から夕方までミーティングがびっしりとスケジューリングされています。その代わりに、火曜から金曜までの間はあちこちにＨＯＬＤを入れて、その時間でビジネス戦略や本社とのコミュニケーション戦略をじっくりと練っているのです。数年の日本滞在ののちに、米国本社へ大幹部として凱旋帰国したエリート社員の集中力の使い方です。

「何がなんでもこの時間は確保する」というスケジュール上のＨＯＬＤ宣言は、時間分断圧力を跳ね返して質の高い仕事時間を確保するために極めて有効な方法です。

ルール18

締め切り間際の「滑り込みセーフ」をやめる

「マイ・デッドライン」で仕事のペースを乱さない

10時に顧客との大切な約束があるとき、10時ピッタリに相手先に着くよう会社を出る人はいません。必ず5分や10分の余裕を見て出るはずです。

しかし、仕事となると、なぜか私たちは締め切りピッタリを目指して進めがちです。いつも仕事に追われて余裕のない人ほどその傾向は強く、締め切り間際の「滑り込みセーフ」の連続でへとへとになっています。一方、スピード感のある仕事ができる人は、余裕たっぷりに「滑り込みセーフ」を「演じて」います。

「マイ・デッドライン」で裏スケジュールを作る

外資系二社で経営に携わった戸田さん（50代・仮名）。一年中、満開の桜のような明るい笑顔の方ですが、スピード感あふれる仕事ぶりで定評があります。

戸田さんは、若いころから「裏スケジュール」で時間管理をしていたそうです。本来の締め切りの数日前を「マイ・デッドライン（自分の締め切り）」としてスケジュール表の枠外に書き込み、あたかもそこが本当の締め切りであるかのように仕事をするのです。理由は、絶対に締め切りに遅れないためと、アウトプットの質を高めるためとのことです。

「アウトプットの質を高める？」とその真意を聞くと、このように話してくれました。

トラブルもなく、順調にマイ・デッドライン（本締め切り前）に仕事が完了したとする。しかし、決して「できましたー」とドヤ顔で提出などせず、素知らぬ顔で別の仕事をする。なぜなら、完成した仕事を寝かせている間に、追加でアイデアを思いついたり修正点に気づいたりすることがあるからだ。それらを本締め切りまでの間に反映させることで、最終的なアウトプットの質を一段と高めることができるのである。

確かに、約束の10分前に相手先企業に着いたとしても、そのまま受付に直行するようなことはしません。ロビーで汗を拭いたり気分を落ち着けたり、打ち合わせの内容を確認したりしながら、ベストな状態で臨めるようにコンディションを整えます。それと同じことを仕事で行っているのです。

締め切りをコントロールしてペースを乱さない

もう1つ、本締め切りまで提出しない理由について、こうも話してくれました。

もし、調子に乗って毎回締め切り前に提出していると、最初のうちは「速いね！」と喜んでもらえるかもしれないが、次第にそのスピードを基準として締め切りを決められてしまう。

それではマイ・デッドライン、イコール本締め切りとなって自分のペースが乱れてしまう。

マイ・デッドラインに向けて努力するのは、本締め切りを短縮されるためではなく、自分にとって適切な仕事のペースを守り、アウトプットの質を高めるためなのだから。

毎回、一見、締め切りピッタリに提出しているようでも、その裏には考え抜かれた計画と行動があり、余裕で締め切り間際の「滑り込みセーフ」を「演じて」いるのです。


戸田さんのように締め切りに遅れずに高い質のアウトプットを出していると、周りから一目置かれるようになります。

そうすると何が起きるのでしょうか?

締め切り交渉の場において、「あの人が間に合うと言うのだから間に合うのだろう」「あの人がこれでは無理だと言うのだから無理なのだろう」と、交渉の主導権を握ることができるようになります。

そうなれば、ギリギリ可能だと考える本音の数日後を、「では、この日が締め切りですね」と余裕を持ってニギることで、ますます自分のペースで仕事を行うことが可能になります。

締め切りにコントロールされるのではなく、締め切りをコントロールしているのです。

第2章で、仕事に取り掛かった直後に、全力で全体像のデッサンを行うことを述べましたが、ここで紹介したことと合わせると、1つの仕事にかけるエネルギーの配分は図表7のようになります。

《補足》締め切りの裏にある「本当の期待」を見抜く

締め切り厳守で仕事をするのは基本中の基本ですが、時と場合によっては「狙って」思いっきり早く仕上げることも必要です。そのことによって、依頼者の実質的なメリットが大きいときです。

たとえば、三日後の締め切りで調査の依頼を受けたとき、もしそれが、その先に予定されている重要な委員会のためのものだとしたら、依頼者の本音は「できるだけ早く」です。

このような場合は、他の仕事を横に置いてでもすぐに取り掛かり、突貫工事で翌日には提出するのです。予想もしなかったスピードで対応することで、「えっ、こんなに早く……助かるわ！」といったポジティブ・サプライズが起き、あなたへの信頼と評価が一気に高まります。

このような芸当を演じるためには、①なぜその日が締め切りなのか？　②締め切り前に提出することで相手にどの程度のメリットがあるのか？　という2つのことを常に把握する思考習慣を持っておくとよいでしょう。
　仕事ができる人ほど、この思考習慣によって仕事に強弱をつけることを、当たり前のようにやっています。

図表7
仕事にかけるエネルギー配分

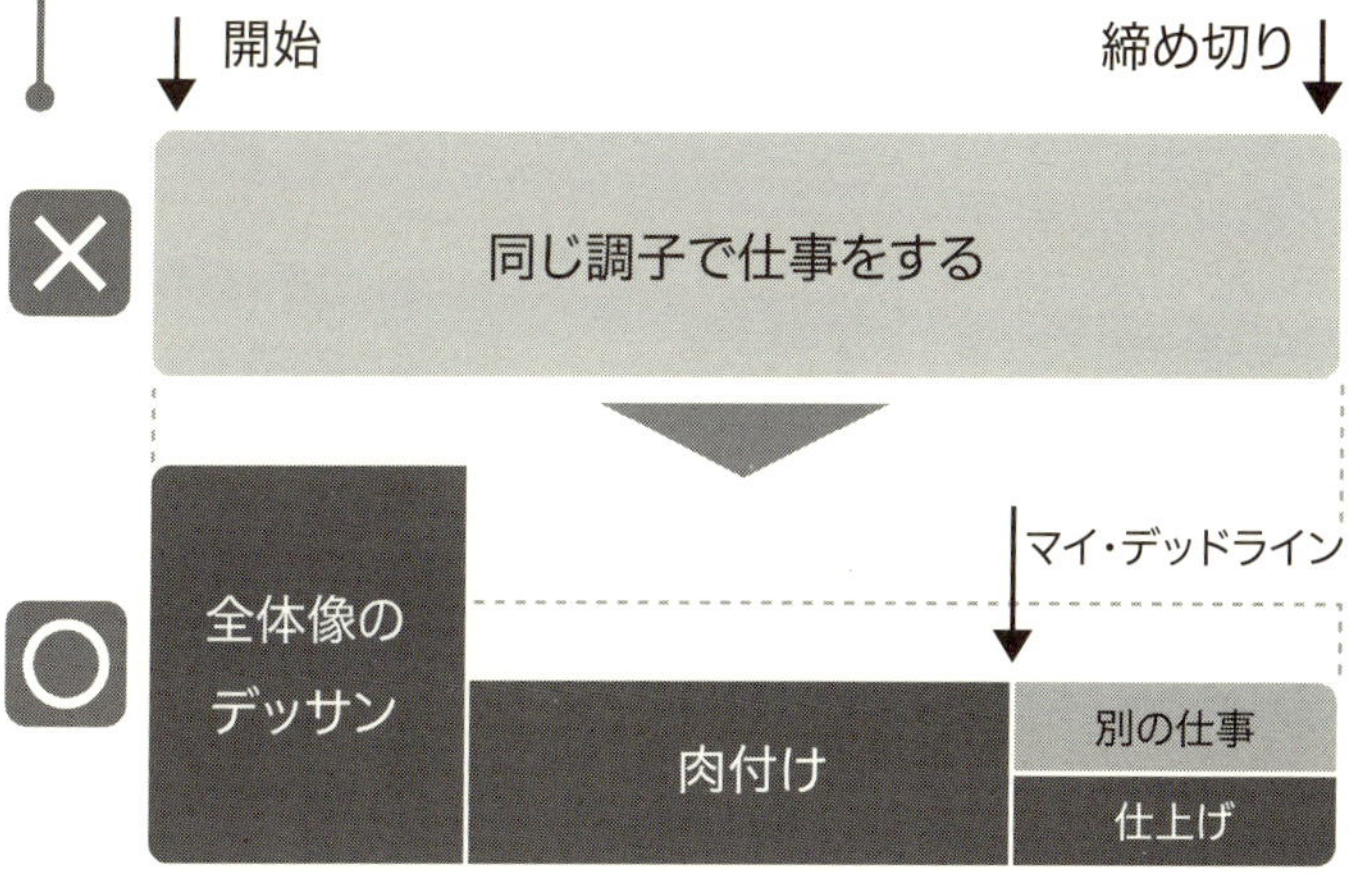

ルール19

報告書は出張後に書く習慣をやめる

出張前に半分書いて論点整理を図る

出張報告書を書くのは、はっきり言って面倒くさい仕事です。口頭報告で済ませるのが一番ですが、提出が義務付けられている場合は従うしかありません。

しかし、実は、出張報告書は仕事の生産性を高めるためのツールとして、効果的に活用することができます。出張前に半分書いてしまうことによってです。

半分書いて論点整理を行う

普通の出張であれば、いつ、どこで、誰と会うのかなどの予定は事前に決まっています。そこで出張前に、体裁を気にせずに、これらのことをワードファイルにベタ打ちしてしまいます。

次に、打ち合わせの内容についても書けることを書いてしまいます。たとえば、Aさんとの打ち合わせでは、何の案件についてなのか、その背景は何か、議論のポイントや現時点でわかっていること、関連する情報、クリアすべき課題や注意点、決めたり合意したりすべき項目などについて、書けることはたくさんあるはずです。

これは、とりもなおさず、出張報告書という様式を借りた論点整理に他なりません。事前にわかっていることや自分の考えを文字にすることで、何のためにどのような方針で出張に臨むのかといったポイントをクリアにしているのです。

何の準備もせずに、手ぶらで出張先に乗り込むような人でない限り、私の経験上、ここまでで、報告書の半分は埋めることができます。複数の人と違った案件で会うときは、案件分だけ同じように書いておくことができます。

「空欄効果」で出張の密度を高める

さて、ここまで書いてから報告書の体裁を整えます。そうすると、議論の内容や結論など、現地でなければ書けない箇所が空欄としてぽっかり浮かびあがってきます。それが、出張で手にすべき情報、すなわち出張のゴールなのです。

人は穴があったら覗きたくなりますし、裏返しのものはひっくり返してみたくなります。同じように、空欄があったら埋めたくなるものです。当日は、空欄が順番に埋まっていくように気をつけながら議論を行うことで、わき道にそれずに内容の濃い打ち合わせができます。この「空欄効果」によって出張の密度が大きく向上するのです。

この方法は、出張に限らず会議報告や業務報告など、事後的に報告書の提出が求められている仕事に対してほとんど適用できます。「イベント↓報告書」といった順番通りに報告書はあとで書くものという思い込みを捨て、「報告書（1／2）↓イベント↓報告書（1／2）」のように、少し順番を変えるだけで仕事の質が高まり、準備にかけた時間以上の効果が得られます。

コラム

最強の情報収集法は知らないふりをすること

資産運用コンサルティングのクライアント企業の増田さん（仮名・50代）。社内で要職を歴任してこられた立派なキャリアの方ですが、資産運用の仕事は初めてとのことです。いつも、「〇〇って何ですか？」と率直に質問され、私の説明をニコニコしながら聞いてくださるので、こちらも気分良く話ができます。

しかし、あるとき、とんでもないことに気がつきました。質問の内容に全く無駄がなく、あまりにも的確すぎるのです。どう考えても、よくわかっている人！　の質問です。

「増田さん、知らないふりをしているだけだ……」。その瞬間、胃がキュっと痛くなったのを覚えています。

増田さんはおそらく、知ってはいるが本質をわかっていないことの怖さをよく理解していたのでしょう。新しいことを勉強して知識が増え始めたときこそが、わかったつもりになって誤った判断をしてしまうリスクが最大になるのです。

だからこそ、新しい業務に取り組み出した直後には、あえて知らないふりをして、複数の人から何度も説明を聞きながら、本質的な理解を図ろうとしていたのでしょう。

増田さんが自分の理解を確認するときの質問は、「要するにひと言で言うとこういうことでいいんですよね」です。「ひと言」で言うためには、あらゆる余分な情報をそぎ落として最後に残った真髄が見えている必要があります。それを的確に「ひと言」で表現できたとすれば、本質が理解できていると考えてよいでしょう。

増田さんが、会社のウン千億円の資産運用に関する方針を、担当役員に説明する場に同席したことがあります。随所に、「ひと言で言うとですね」という言葉をはさみながら、実に的確に説明されている姿を拝見して、大きな感動を覚えました。私は増田さんのような一流のクライアントから、仕事に向かう姿勢をずいぶん学ばせていただきました。

第 4 章

権限委譲

成果につながる権限委譲のルール

「決めて実行する」という基本的な仕事の流れにおいて、より迅速かつ柔軟に仕事を進めるために効果的なマネジメントが権限委譲です。

権限委譲とは、本来、上司が持つ権限の一部を部下に委ねることです。たとえば、課長が業務責任者である「課」という組織では、課内のナンバーツー的なポジションにいる課長代理などが、現実的な権限委譲の対象になるかと思います。

新規顧客へのアプローチ戦略について、これまで毎回課長の承認を必要としていたものを、課長代理の裁量で進めてよいなどです。

中央処理型から分散処理型へ

組織の責任者（たとえば課長）のみに判断機能が集中しているのは「中央処理型」の組織です。この組織は、課長の判断によってメンバー全員が画一的な行動をとるようなビジネス形態、かつ、判断に必要なすべての情報が課長に届くまでの時間的猶予がある場合には機能します。限られた判断機会に対して、最も判断力がある課長が時間をかけて判断を下すことになるからです。

しかし、いまのビジネス環境では、顧客や状況の変化に応じてその都度適切な判断をすること、しかも、それを迅速に行うことが求められています。日常的な判断機会の増加です。このような状況では「中央処理型」の組織では課長がボトルネックとなってチームの仕事は止まってしまいます。

そこで、チーム内に判断できる機能を増やした「分散処理型」の組織に変えていく必要がありますが、そのための方法が部下への権限委譲です。権限委譲がうまく機能すれば、多様化・迅速化への対応力が高まり、チームの生産性も確実に高まります。

意外なことに、絶対的な上意下達組織と思われている軍隊でさえ、戦闘環境の変化に応じて任務遂行の形を中央処理型から分散処理型へと変えてきています。

「米国防総省によれば、戦闘において、目標発見から攻撃開始のプロセスまで、第二次世界大戦時は約一週間かかっていたものが、湾岸戦争時は一日となり、２０００年の時点で数時間、さらに２０１０年には2分以内になるという。（中略）21世紀型軍隊は、デジタル化された装備により、リアルタイムで縦横の情報共有を行い、大幅な権限委譲をしている」（浅井俊克、八巻直一『システムダイナミックスによる組織の分権化に関する考察』経営情報学会２００８年秋季全国研究発表大会）。

環境が変われば組織のあり方も変えていかなければならないのは、軍隊だけでなく企業にとっても当然のことです。

なぜ権限委譲がうまくいかないのか？

このような理解のもとで権限委譲に挑戦する管理職が増えてきています。

しかしながら、権限委譲が機能して高い生産性を生み出しているチームがある一方、裁量権を与えられた部下が自分で判断できずに業務が停滞したり、逆に好き勝手に判断した結果、大きなトラブルを起こしてしまったなどの例も耳にします。

その違いはどこにあるのでしょうか？

それは、上司のサポートのあり方の違いです。もともと、権限委譲は上司が行うレベルの判断を能力的に未熟な部下に委ねるものであるため、そこには上司の的確なサポートが必要であるはずです。

にもかかわらず、無責任な丸投げで放任したり、部下に気を使って口を挟めなかったり、逆に、過剰な介入で実質的に自分で仕切ってしまうなど、サポートの仕方を間違えているからうまくいかないのです。

本章では、「分散処理型」の組織として、チームの競争力を高めて成果につなげるための正しい権限委譲の方法について紹介します。

ルール20

任せたら口を挟まないという育成目的の権限委譲をやめる

成果に向けて「正しい課題認識」をサポートする

管理職研修では、「部下に権限委譲をしたあと、どこまで口を挟んでよいものか？」という話題で盛り上がることがあります。仕事を任せた方がいいことは何となくわかっているのだが、つい口を出したくなるとのことです。

「部下の育成を考えたら、介入しない方がいいだろう」「口を出すとモチベーションを下げてしまうので、我慢するのが正解だろう」など、多くの場合、任せた以上は口を挟むべきではないという方向へと議論が傾いていきます。

しかし、本当にそうでしょうか？――そもそも、権限委譲の目的は何かという本質に立ち返って考えると、違う答えが見えてくるはずです。

目的はチームの成果の最大化

かつて、私が証券会社で若葉マーク付きの新米課長だったころ、尊敬するある先輩が食事に誘ってくださり、このようなアドバイスをくれました。

「課長の役割は課全体の成果を最大にすることだ。そのために、やってはいけないことは、部下を思い通りにコントロールしようとすること。やるべきことは、部下の力を発揮できるようなカタチを作ること。以上！」

初めて管理職になったことで、思いっきり肩に力を入れてすべてを一人で仕切ろうとしていた私を見て、「こいつ、危ないな」と思ったのでしょう。私にとって、感謝しきれないほどの絶好のタイミングでした。

チームの成果を最大化するという目的のために、部下の力を発揮できるようなカタチを作ること、その1つが権限委譲です。権限委譲の目的は、部下の育成やモチベーションの維持ではなく、あくまでもチームの成果の最大化です。任せた部下の仕事に口を挟むかどうかは、成果を出すための最善策は何かという点から判断されるべきです。

権限委譲によってチームの成果が高まる理由は3つです。

①より実務に近い人の判断機会が増えることによる業務の迅速化
②より実務に近い人の判断の的確性による業務の質的向上
③上司がより上位の仕事を行うための時間確保

ここで、①の業務の迅速化と、②の業務の質的向上がしっかりと機能するためには、任される側にそれにふさわしい能力が備わっていることが必要です。しかし、権限委譲された時点では、部下の能力がまだそのレベルに達していないことがほとんどです。

そのような状況下で行う権限委譲の基本スタンスは、「能力があるから任せるのではなく、やらせてみて、できないところをサポートする」です。

「正しい課題認識」ができているか？

では、「できないところ」とは何なのでしょうか？　それはズバリ「正しい課題認識」です。

一見うまくいっているようでも、仕事には様々な課題が必ず存在します。しかし、経験が十分でないメンバーには、課題の存在が見えていなかったり、見えていても重要性がわからずに放置してしまったりすることがあります。その結果、トラブルに発展してしまうことも少なくありません。

特に人間関係については、本人は意外と見えていません。依頼の仕方が独りよがりであるため陰で不満を言われていたとしても、ほとんどの場合はそれに気づいていません。仕事に非協力的な人を、自分のコミュニケーションの問題であるにもかかわらず、相手のやる気のせいだと一方的に決めつけているような場合もあります。

このように課題認識が間違っていると、いくら本人が一生懸命に改善しようとしても解決にはつながりません。そこで、権限委譲に際しては、上司は部下と定期的にミーティングを持つことで、課題認識のずれを修正するためのサポートを行う必要があるのです。

「どうするか？」は本人に考えてもらう

双方の認識をすり合わせることによって、部下が課題を正しく認識することができたとします。では、その課題を解決するためにはどうすればよいのでしょうか？

これは、ぜひ本人に考えてもらいます。権限委譲の基本スタンスが「やらせてみて、できないところをサポートする」である以上、自分で考えてやってみることによって、正しい判断力と行動力を鍛える機会を可能な限り与えるべきだからです。

最低限の上司のサポートによって、自分で考えた方法でやり遂げて成果を出す。このような経験を通じて、課題認識力、判断力、行動力が強化されてくると、徐々に上司の手がかからなくなります。これすなわち部下の成長に他なりません。成長の実感や達成することの喜びとともに、モチベーションも高まっていくでしょう。

その結果、上司はさらに広範囲、高レベルの仕事を任せることに挑戦できます。権限委譲の好循環です。

任せた部下の仕事に口を挟むかどうかを悩むのではなく、任せた部下が成果を出せるようなサポートを迷わず行うことが上司の役割です。

図表8
権限委譲の好循環

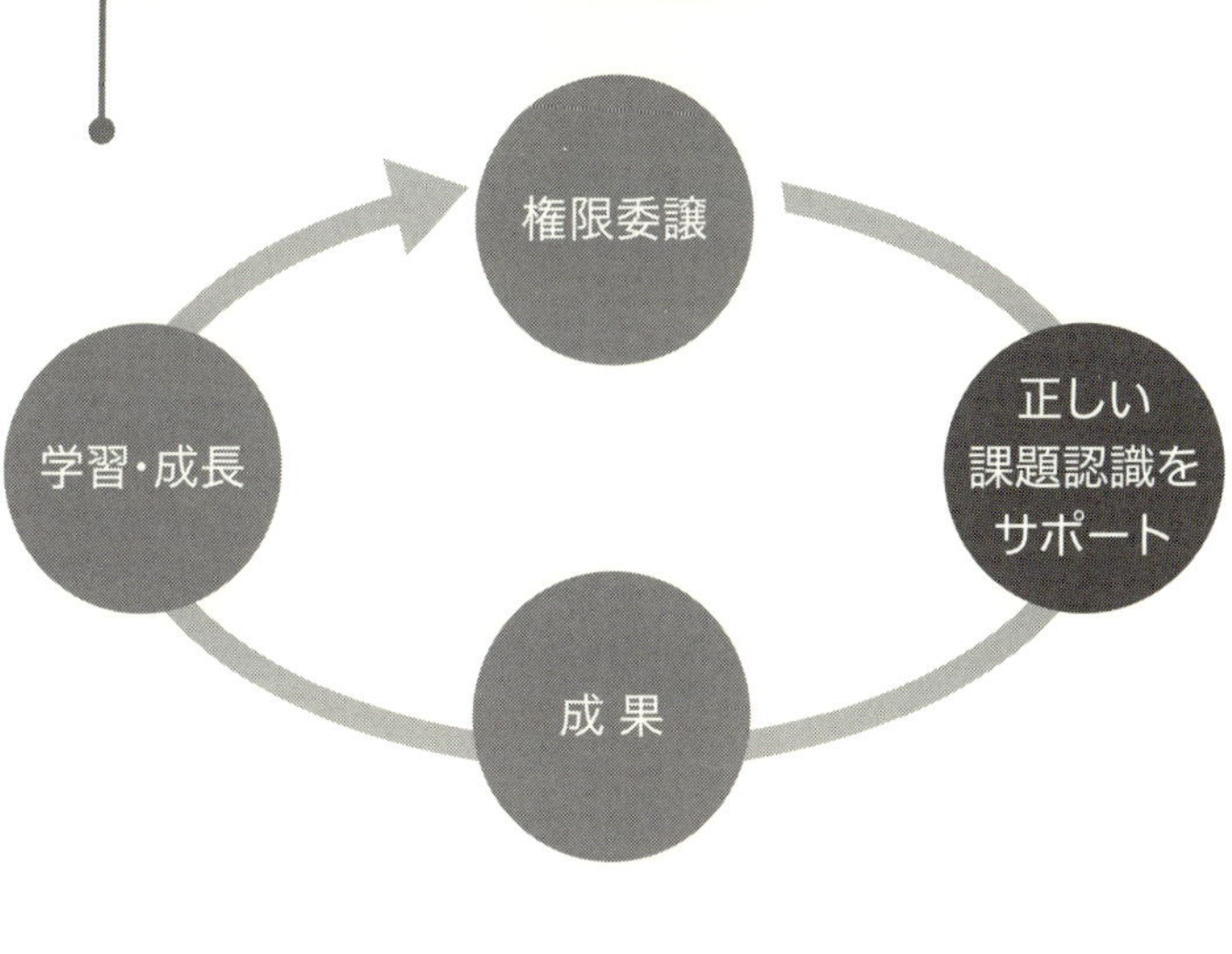

ルール 21

裁量権を与えることが権限委譲だと考えるのをやめる

「裁量権」と「判断基準」を同時に与えて権限委譲と呼ぶ

「やらせてみて、できないところをサポートする」という権限委譲の基本スタンスにおいて、上司と部下で事前に共有しておくべきことが1つあります。次の例で考えてみましょう。

課長代理のHさん、2年にわたってアプローチを続けてきたX社がようやく当社の商品に興味を示してくれました。しかし、競合他社がガッチリと押さえていることもあり、案件を獲得できる確率はまだかなり低い状況です。

しかも、詳細な情報提供を要求する会社として有名であり、本気で対応し始めたらかなりの時間を割かれます。親密な関係ができている既存客の売り上げ増に全力をあげているいま、どちらに注力すればよいのか悩んでいます。判断は任されているのですが、決めることができずに時間だけが過ぎていきます。

さて、この権限委譲はどこに問題があるのでしょうか?

「業務方針」を明示する

このような事態が起きるのは、Hさんに裁量権が与えられているものの、判断に必要な基準が与えられていないからです。正しい権限委譲とは、「裁量権」と「判断基準」を同時に与えるものでなければなりません。

権限委譲において与えるべき判断基準は「業務方針」です。「業務方針」は業務目標を達成するための戦術であり、簡単に言えば「我がチームは、いまどのような原則で仕事をしているのか？」という問いへの回答です。

たとえば、

・この商品は、売り上げ重視ではなく利益率重視で販売する方針とする
・今年の外部研修予算は、部長・課長の管理職層を対象としたものに重点配分する
・顧客の理不尽な要求に対しては、①料金交渉、②代案提示、③拒否、の順で対応する
・ミスを0％にはできないため、発生したときのリカバリー機能を強化する

Hさんの例で、もし、長期的なビジネス戦略上、「今年は、既存客からの売り上げを伸ばすことよりも新規顧客の開拓に注力する」という業務方針が共有されていたとします。その場合は、Hさんは迷うことなくX社への攻勢に力を注ぐことを決め、既存客の対応は課内の誰かに手伝ってもらうという判断ができたと思います。

一方で、課長が「とにかく売り上げを伸ばせ！」といった叱咤激励しかしていなかったとしたらどうでしょうか。そんなものは業務方針ではありません。野球の監督がバッターにホームランのサインを出すようなもので、何の役にも立ちません。

公益財団法人日本生産性本部の調査によると、「職場では有益な情報が共有されていると思うか」という質問に対して、1448名の一般社員の46・9％もが「共有されていない」と答えています（『第4回　職場のコミュニケーションに関する意識調査』2017年6月）。

このような状況のまま権限委譲を行うと、適切な判断を下せずに仕事が止まってしまったり、その都度上司に判断を仰ぎに来ることになってしまいます。

権限委譲に際しては、自分は部下と業務方針をしっかりと共有しているか、あらためて確認してみることが大切です。

ルール22

仕事の質と時間はトレードオフの関係だという勘違いをやめる

質とは完成度ではなくニーズへの合致性だと定義する

最高の生産性は質の高いアウトプットを迅速に出すことです——という話をすると、「そんなことわかっているが、アウトプットの質とスピードはトレードオフの関係にあるから悩んでいるんだ」とのツッコミが音速で返ってきます。

これは、アウトプットの質イコール「仕事の完成度」だと考えているからです。しかし、ビジネスにおけるアウトプットの質とは、仕事の完成度ではなく「ニーズに対する合致性の高さ」のことです。

報われない証券会社の営業マン

ある証券会社の営業マンAさんが、顧客のファンドマネジャーから、その日の相場の急落に関してコメントを求められました。Aさんは、社内の調査部門に大至急市場分析を依頼し、翌朝一番にレポートを添付したメールを送りました。一方、別の証券会社のBさんは、同じファンドマネジャーからの電話を、その場で調査部門の責任者に転送し、いま答えることができる範囲で回答してもらいました。

ファンドマネジャー氏が感謝の言葉を伝えたのはBさんだけでした。彼は当日の日本時間の夜に開く米国市場での売買に際して、いくつかの疑問点をすぐに解消したかったのです。

情報の完成度という点では、おそらくAさんの回答の方が優っていたでしょう。しかし、ファンドマネジャー氏にとって価値があったのは、米国市場が開く前に手にしたBさんの情報です。タイミングまで考慮したサービスの質はBさんの方が高かったと言えます。アウトプットの質とは完成度ではなく、相手にとって最も大切なニーズに対する合致性の高さであることの一例です。

残念だったAさんのような現象はいたるところで見られます。その理由は、相手が絶対に譲れない大切なことが何かを把握していないことです。そこに合致していなければ、どんなに完成度が高い仕事でも無価値と見なされてしまいます。

ニーズ把握力を磨くための上司の質問

「眠っているライオンよりも吠えている犬の方がまだまし」と教えてくれたのは、アジアを拠点とする投資企業の役員のHさんです。マーライオンをディスったせいで天罰が下ることがないよう祈りながらも話を聞くと、いくら立派でも使えなければ価値はなく、多少の問題はあっても使えるものの方が、はるかに価値があるということです。

スピードが勝負を決めるビジネスの世界では、寝ているライオンには目もくれずに吠える犬を選ぶことが成功のカギとなります。部下が判断のタイミングを逸しないよう、どのようなときには吠えている犬を迷わず選択すべきかを、普段からよく話し合っておくことが大切です。一例ですが、次のような場合が考えられます。

・ラフでもいいから迅速な情報提供が求められているとき
・不完全だが、プロセスや成果が少なくともいまよりは改善するとき
・不完全であっても、それ以上に良い方法が見つからないとき
・それ以上に良い方法があったとしても、コストや時間の面で見合わないとき
・経験則が頼りにできず、やってみなければわからないとき
・何もしないと事態が悪化するとき

さらに、上司は時々部下に次の質問を投げかけて即答を求めるとよいでしょう。

「その件で、最も大切なことは何？」

先ほどの証券マンの場合、正解は「すぐに回答すること」です。この質問に対して部下が

即答できればよし、できなければ相手のニーズに目が向いているとは言えません。部下もニーズを把握することの重要性を頭では理解しているかもしれませんが、「理解している」と「できる」とは別のことです。

的確なニーズ把握と的確な判断とは表裏一体であるため、権限委譲に際しては、仕事の基本とも言えるこの点を、あらためてしっかりと話し合っておくことが大切です。

《補足》衛星打ち上げも「吠える犬」の時代へ

米国にスペースX社という衛星打ち上げ会社があります。「そんなことできるわけがない」と誰からも相手にされなかった、一段目ロケットの回収・再利用に成功して打ち上げコストを大幅に低下させ、あっという間に世界最大手の1つに駆け上がりました。

同社の主力ロケット、『ファルコン9（ナイン）』の設計思想が、まさに吠える犬型です。

打ち上げロケットの命は何と言ってもエンジンです。これまでは、エンジントラブルが発生しないことを至上命題として品質を極限まで高めた開発、製造がなされてきたため、巨額の開発コストがかかり、それが打ち上げコストを高くしてきました。

しかし、同社のCEO・イーロン・マスク氏の発想は、そこまで品質を高めなくても、エンジンをたくさん（9機）装備して、たとえ一機ぐらいトラブってても他のエンジンでカバーできればいいのではというものです。

クライアントの本質的なニーズはエンジントラブルを起こさないことではなく、「できるだけ安価で衛星を軌道に乗せること」だという原点に立ち返り、NASA（アメリカ航空宇宙局）が試算した1／10のコストで『ファルコン9』の開発に成功します。2012年には、打ち上げ直後にエンジン一機にトラブルが発生したものの、クライアントの衛星を軌道に乗せること自体は何の問題もなく成功しています。

日本企業によく見られる品質至上主義は、顧客が絶対に譲れないという本質的なニーズとは必ずしも合致しない、過剰品質の文化を生み出しています。この文化が生産性や競争力の悪化要因となっている現実に私たちはもっと向き合い、それを美談とする時代を終わらせなければなりません。

ルール23

合理的な説明で上司を説得できると考えるのをやめる

上司の「得」を見抜いて健全に「上司をころがす」

権限委譲によってチームの生産性が高まる理由として3つ目にあげたのは、自分がより上位の仕事を行うための時間確保です。部下が自分で判断して行動することで、そこに使っていた時間を管理職としての自分にしかできない仕事に使うことができます。

その中で重要な仕事の1つが、部長など、皆さんにとっての上司を動かすことです。上司を自分が望むように動かすことが得意な人ほど、アウトプットの質や量を高めることができます。「それができれば苦労しないよ」と思われるかもしれませんが、実は、上司にイエスと言わせるためのコツがあるのです。

コスト増に社長がイエスと言った理由

グローバルに厳しくコスト管理が行われている外資系では、コスト増になる「人を増やす」という言葉はどの国でも禁句中の禁句です。社員数はヘッドカウント（HC）と呼ばれ、やむにやまれず一人増やすだけでもグローバルCEOの決裁が必要になります。

私の責任範囲が法務・コンプライアンス部門まで拡大したとき、同部門の部長から「最大限の努力はしているが人数（HC）が足りない。このままでは法令遵守のための仕事に支障が出かねない」との訴えがありました。話をよく聞くと確かにそのようです。

しかし、HC増を日本法人の米国人社長に訴えたところで、ゼロ秒で却下されるのは目に見えています。彼としても、グローバルCEOを説得しなければならないので、「今年はこの人数でやると決めたのだから何とかしろ」です。

ただ、現場の話を聞けば聞くほどこのままではまずいので、合理性のカタマリのような欧米人に対して数字で訴えようと考えました。

同部門のスタッフに、他の外資系投資顧問会社の知人にコソコソと電話するなどして、同分野の仕事をしている社員数を調べてもらいました。集まった20社ほどの数字を、各社の全社員数を横軸にとったグラフにプロットし、そこに当社の点を打ってみました。他社と比較して、全社員数に比べた同部門の人数が少ないことが一目瞭然です。

これで、HC不足を合理的に説明することは可能になりました。しかし、コストを増やす提案であることには違いありません。上司をその気にさせるにはあと一押しです。

それは、上司が「得になる」ことをそこに含めることです。

私の上司が、彼の上司であるグローバルCEOから与えられている業務目標は、日本の売り上げを5年で5倍にするというものです。法務・コンプライアンス部門の人員増が、この目標達成に役に立つという大義を示せばいいわけです。

そこで、このようなストーリーを付け加えました。「同部門の人数を一人増加させることによって、見込み客への営業資料のコンプライアンスチェックの迅速化が図れる。顧客へのアプローチスピードと頻度が高まることにより、契約増に貢献できる」。無理やり試算したデータと、営業部門の責任者の「そうなることは好ましい！」というコメントまで付けて上司に提案しました。

30分ほど話を聞いてくれたところで「わかった」。あっという間にグローバルCEOの了解を取り付けてくれました。

上司の業務目標への線上に提案書を置く

人は自分にとって得になることはウェルカムです。自分の業務目標達成へ向けた線上にある提案であれば、何とかしようとしてくれます。上司の目標は、当然、会社の事業戦略と同一線上にあるため、上司の目標達成に貢献するということ（上司の得になること）は、イコール会社への貢献です。そのようなストーリーを提案に織り込むことでイエスを引き出しやすくなります。

仕事がイマイチの人は、このことがわからずに自分の視点のみで提案しようとします。それでは、いくら理路整然と論理的に説明しても採用されません。

仕事ができる人の中には、年輩の権力者の信頼を得て、自分の思うように物事を動かすことが得意な人がいます。いわゆる「じじころがし」ですが、彼らの論法も基本的には同じです。

自分がやりたいことを「この話はあなたの得になりますよ、へっ、へっ、へっ」という話に仕立てて、耳元でそっとささやいているのです。

図表9
上司の業務目標への線上に提案書を置く

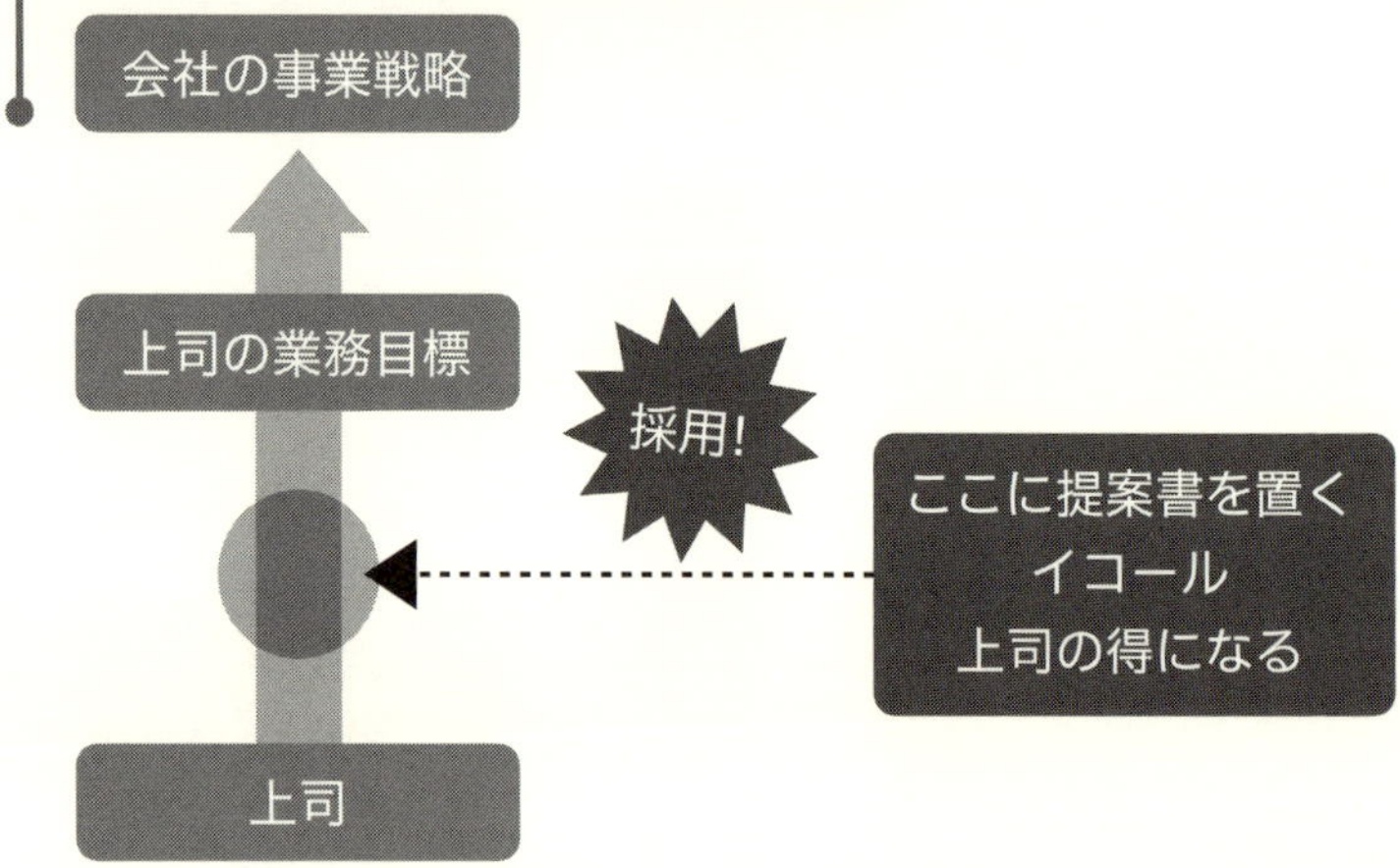

まあ私は、たまたまその件はうまくいったのであり、上司をころがすよりは、もっぱら「へっ、へっ、へっ」とささやく部下にころがされていましたが。

権限委譲によって浮かした時間を有効に使うためにも、普段からあなたの上司の業務目標や、どうなれば上司がその上から評価されるのかを把握しておくことは大切なことです。それは、あなたが一段上のレベルの仕事を理解することでもあり、視野の広いマネジメントにつながります。

ルール24

「個人的には反対なのだが」と部下の前で言うのをやめる

「これで行こう！」と戦闘モードで部下を鼓舞する

いくら上司をころがすのがうまい人でも、時には上司との間に意見の相違が出てきます。言うべきことを言ったにもかかわらず、それでも、最終的に下された上司の判断が自分の考えとは異なった場合、管理職として部下にはどのように伝えればよいのでしょうか。

「個人的には反対なのだが」はアリ？

ある商品の販売戦略について、価格を下げることで競争力を出そうとする部長と、価格を下げずに他の商品との違いをアピールする差別化戦略で売り出そうとするA課長の考えが対立していました。最終的に部長が出した結論はやはり価格競争です。部下のA課長は、課員を集めて部長の決めた方針を説明しました。

そして、最後にひと言「正直言うと個人的には反対なのだが……」

うわー、言っちゃった――正直かもしれませんが、こう言われた部下の心境はどうでしょうか。「ふざけんなよ、お前がやりたくないことを俺たちにやらせようとしてんのか！」。課員のモチベーションはダダ下がりで、結果も期待できません。Aさんは、自分の気持ちをわかっておいてほしいと考えたのでしょうが、とんでもない勘違いです。部下の目には、部長を説得できずに妥協した上、言い訳までしている情けない上司だと映ります。

成果を出すためのアクションに切り替える

一方、さすがにこの人はスゴイと思ったのが、証券会社時代の上司で、エリート街道をばく進中だった柚木さん（仮名・40代）です。彼は、いつも私たちに方針の妥当性をしっかりと語ってくれていたため、それを聞いた私たちも、「おーし、ガンガンやろうぜ！」という気持ちを奮い立たせたものです。

しかし、ある件について、実は柚木さんは別のやり方を主張していたのだが、最終的に部長の判断で却下されたとの話が漏れ聞こえてきました。いやいや驚きました。そんなことはおくびにも出さずに、いつも通りに方針の妥当性を熱く語っていたのですから。

強面の柚木さんでしたが、部下の質問には面倒くさがらずに答えてくれる上司だったので、頃合いを見計らってストレートにそのことを聞いてみました。「将来、管理職になったときのためによく聞いておけ」との前フリのあと、このような話をしてくれました。

自分が別の方針を提案したのは事実だが、それは過去のこと。部長の判断に従うと決めた以上、いま自分が考えるべきは、その方針のもとで最大の成果を出すことである。そのためには、頭の中を戦闘モードに切り替えて、納得できる範囲で方針の妥当性を伝えて課員を鼓舞することだ。敵陣のど真ん中で生死を分かつような選択に迫られたとき、「個人的には反対なのだが」と言いながら隊長の指示を伝えるような上官に従う兵士はいない。

「役者になるということですか?」と余計なことを聞いてしまったのが運のつき、「アホか! 本気でこの方針でやろうと決めたんじゃ、わりゃ!」と一喝されてしまいました。その方針が正しいかどうかの議論は部長の判断で終了している。この先は、その方針のもとで部下を鼓舞して結果を出すことが管理職の役割であるという、マネジメントを担う者としての姿勢を学びました。

部下を鼓舞する

求められる成果のレベルが高くなればなるほど、様々な方法で部下を鼓舞して、勇気づけ、気持ちを高めていくことが管理職には求められます。しかし、この点に関しては海外諸国と日本の管理職の間には大きな認識の差があるようです。

コーチング研究所が行った、世界15カ国のビジネスパーソンを対象とした調査があります。「優れたリーダーの特性として重要なこととは何か」という質問への回答を国別に集計すると、米国、英国を始めとする5カ国が「人を鼓舞する」を1位にあげています。ドイツやフランスなどの5カ国も3位以内にランキングしています。

これに対して、日本でのランキングは15位で、他の国とはずいぶん違っています（出所：『組織とリーダーに関するグローバル価値観調査２０１５』株式会社コーチ・エィ コーチング研究所）。

そのような認識からでしょうか、A課長のような不用意な発言で部下のやる気を損ねてしまう例が、あちこちで起きています。上司が部下を見ることの10倍も、部下は上司をよく見ているのです。

部長の判断を受け入れると決めたのであれば、「自分は反対なのだが」など、自分を正当化するような言い訳をすべきではありません。その条件のもとで、できうる限りの成果を出すためのベストなアクションをとるべきです。それができる柚木さんのような人が、上司や部下の信頼を集めていくのです。

柚木さんはその後、順調に出世街道を駆け上がり、やがて役員として手腕を振るうことになります。私が外資系への転職に際して挨拶に行ったところ、「お前、まだおったんか？とっくに転職したかと思っとった」。いや、どういう意味ですかと笑いながらも、感謝の気持ちを込めてお礼を述べました。

ルール25

「苦言を呈する部下は重宝される」と信じるのをやめる

上司から大切にされる唯一の基本原則を実践する

せっかく権限委譲によって自分の時間を作っても、上司との関係が良好でなければ、承認を得るのに時間がかかったり余計な口出しをされ、思うように仕事が進みません。チームの仕事にも影響してくるため、部下もあなたとその上の上司との関係性には敏感です。

上司との良好な関係性を維持するためには基本原則があります。それは、上司にとって「なくてはならない存在」であることです。

「なくてはならない存在」になる

上司にとって「なくてはならない存在」であることは、上司問題の多くを解決すると言ってもよいぐらいパワフルな原則です。そうなるためには2つのパターンがあります。

1つ目は、当然のことながら、圧倒的に成果を出す部下であることです。部下の成果の総和が上司の成果であるため、多少考え方が違ったり気に食わなかったりしても、成果を出す部下を上司は大切にせざるを得ません。「こいつに転職されたら困る」という危機意識を持たせるぐらい仕事ができる部下であることが、上司への影響力を高めます。

もう1つのパターンは、上司の弱点を献身的にカバーできる部下であることです。ポジションが上に行けば行くほど、弱点の存在がマネジメントに影響してくるからです。

高卒の社員がほとんどだという某サービス企業に、大卒で入社した知人の原田さん（仮名）からこのような話を聞きました。

入社直後の上司Aさんが典型的な指示命令型の人で、しかも、うまくできないと大声で叱責された。決して学歴を鼻にかけているわけでないのだが、同期の高卒社員には優しく、自分だけが目の敵にされている。良かれと思って顧客にマニュアル以上のていねいな対応をすると、「他の社員の対応がお前と比較されて悪く見えるからいい加減にしろ」とまた怒られる。

あるとき、Aさんが仕事のシフト表を作るのに苦労しているのに気づいた。一人ひとりの希望や都合を聞きながら時間を埋めるパズルのような作業を、手作業で夜遅くまでやっているようだ。

そこで、「もしよかったらお手伝いしましょうか」と恐る恐る聞いてみた。得意なエクセルを使って短時間できれいに仕上げたら、「うそっ、こんなに早くできるの!?　本当に助かったよ」と初めてねぎらいの言葉をかけられ、その後もこの仕事を任せてくれるようになった。

これをきっかけにAさんの態度が好転し、数年後、あれほど自分につらく当たっていたAさんが、Aさんの右腕として自分をサブリーダーに指名してくれた。

原田さんのように上司の苦手なところをカバーすることで良好な関係が築かれ、上司にとって「なくてはならない人」になるのです。

立場を逆にして考えると、自分が苦手なところは、戦略策定や人事評価など管理職が自ら行うべきことでない限り、それが得意な部下に頼んでしまうとよいでしょう。すべてを自分でしようとする過剰な責任感が、かえって部下との間に溝を作ってしまうことがあります。

苦言を呈する部下は重宝されるのか？

ひたすら従順なイエスマンというのは、上司にどう見られているのでしょうか。成果が厳しく問われることのないユルイ企業では、イエスマンが出世していくということもあるでしょうが、時折、新聞をにぎわせているように、そのような企業の末路は言わずもがなです。

外資系はどうかと言えば、最終的な自分の判断に対しては「イエッサー」で答えることを要求します。しかしその前に、上司は部下の話によく耳を傾けます。この段階では、むしろ多種多様な意見が歓迎され、部下もとことん自分の主張をぶつけます。

したがって、最初から何も主張しないイエスマンは、自分に対して価値提供をしない人です。せいぜい使い勝手がいいと思われるぐらいで、あまり評価はされていません。

逆に、苦言を呈する部下ほど重宝されると主張する人もいます。しかし、それはあくまでも仕事ができるか上司の弱点をカバーできるかの、どちらかの要件を満たした上でのことです。仕事ができる人の苦言には耳を傾けるが、そうでない人に対しては、「結果を出してから言え」というのが、国を問わずに上司の正直な気持ちではないでしょうか。そのようなところで存在価値を高めようとせずに、まずは、仕事ができると思わせることが先決です。

コラム

管理職はマネジメントに専念すべきか?

皆さんのような中間管理職に対しては、多くの企業がプレイングマネジャーとしての仕事を期待しているのではないでしょうか。プレーヤーとして仕事ができる優秀な社員だからこそ管理職に登用されたのであって、管理職になったからといって急に戦力から外れる理由などどこにもないからです。

しかし、企業規模が大きくなればなるほど、マネジメントの重要性や部下の育成を理由に、管理職はマネジメントに専念すべきといった論調も少なくありません。もちろん、慣れ親しんだプレーヤーとしての仕事に軸足を置きすぎて、マネジメントをおろそかにすることがあってはなりませんが、30代や40代といった若手管理職の皆さんが、マネジメントに専念してしまって本当に良いのでしょうか。


これからの時代を考えると、若手管理職は企業規模に限らず会社が許す限りプレーヤーとしての座を続けるべきです。

1つ目の理由は、戦力としてチームの成果に貢献できる力を持っているからです。昨年、三冠王を取った強打者が、今年監督になったからといって、急にプレーヤーの座を降りるわけはないですよね。チームが勝つために、当然、今年もバッターボックスに立つでしょう。

2つ目の理由は、現場感覚なくして管理職としての正しい判断などできないからです。刻々と変化するビジネス環境と、日進月歩で進化するテクノロジーに直接触れ続けることができる、現場の第一線に身を置くプレーヤーであり続けない限り、部下の言っていることが皮膚感覚では理解できない状況になってしまいます。

3つ目の理由は、課長から次長、部長、さらには役員へと、いまの会社で管理職のポジションを歩んでいくかどうかは全くわからないからです。いつまた現場に戻されるかもしれません し、リストラで再就職を余儀なくされるかもしれません。より良い環境を求めて転職の機会を探るかもしれません。

そのときにモノを言うのはマネジメント・スキルではなく高い専門力です。いったんプレーヤーの座から降りてしまうと、それを維持するのは至難の業です。

転職が当たり前の外資系企業では、社長と一握りの経営陣を除いては、ほとんどの管理職がプレイングマネジャーでした。もちろん、マネジメントをおろそかにしているわけではなく、プレーヤーのときの仕事の半分程度は部下に移管した上で、日本企業以上に人のマネジメントにエネルギーを注いでいました。それが、チームとして勝負に勝つためのベストな選択だという判断です。

日本でも、ダイナミックに最先端のビジネスを展開している企業の管理職は、バリバリのプレイングマネジャーであることが多いように感じます。会社の規模の問題というよりは、「ビジネスに勝つ」という強烈な闘争意識が根底にあるのがその理由ではないでしょうか。

管理職はマネジメントに専念というのは、古い時代の日本の大企業の発想として、いずれ通用しなくなっていくように思います。

第 5 章

部下育成

高生産性人材を育成するルール

チームの成果を継続的に出していくために絶対に欠かせないことは、自分を含めてそこで働くメンバーたちが成長していくことです。しかも、自分で考えながら質の高い仕事をすることによって、単位時間当たりのアウトプットを最大化できる高生産性人材としての成長です。

「教わる」ことに慣れてしまった人たち

中間管理職の方から、自分で考えずに正解を教えてもらおうとする部下の姿勢を嘆く声をよく聞きます。「何かにつけすぐに、どうしたらいいんですか？　なんですよ」「そうなんですか、もう少し詳しく……」と話を聞こうとする間もなく「櫻田さん、こういう部下はどうしたらいいんですか？」——このように、部下のことを嘆いている自分自身もそうだということを自覚していない怪奇現象が、日本中のいたるところで起きています。

これまでは、上司や先輩は自分の経験から得た知識を部下に「教える」ことで、部下や後輩の成長を支援してきました。ビジネスの形態や仕事の内容が大きく変わることがない職場においては、それが最も効率的な育成方法だったからです。しかし、その結果、正解は教えてもらえるものといった受け身の「受動教育」の姿勢が、多くの社員の体に浸み込んでしまいました。

しかし、ＩＴやＡＩを始めとしたテクノロジーの進化によって、人が決まったことを決まった方法で行う定型業務にかける時間が減少する一方、新しい分野への取り組みや、人対人の仕事において発生する非定型業務にかける時間がますます増えてきました。

そこでは、教えてもらった正解をそのまま使っても必ずしも役に立たず、状況に応じて自分で考えながら応用していくことが要求されます。正解のないことに対して、最善だと思われる対応策をその場でひねり出すことも求められます。第４章で述べた分散処理型の組織であるためにも、一人ひとりの考える力が重要なのです。

このようなビジネス環境の変化とともに、人材育成に対する考え方も、「教える／教わる」といった「受動教育」を中心としたものから、自ら学ぶという「能動学習」を支援する形へと変えていく必要があります。

「学ぶ」という主体的な姿勢を持つ人材へ

「受動教育」は教える人から教わる人への知識や考え方の伝達です。教わる対象は教えてくれる人であり、正解は教える人の中にあります。

これに対して「能動学習」は、上司はもちろん、部下から学ぶ、同僚から学ぶ、顧客から、子供からなどの人を始めとして、失敗から学ぶ、成功から学ぶなどの体験や、歴史から学ぶなどのように、あらゆるものが学習対象になります。そこから得た情報から、自分にとって最適な考え方や解決策を組み立てるのであり、答えは自分の中にあります。

もちろん、「教える／教わる」といったこれまでの育成方法を否定しているわけではなく、それが必要な場面もたくさんあります。

ただ、これまで日本企業の中には、人から教わることは得意でも自ら学ぶことが苦手な人が大量生産されてきました。このままでは、いつまでたっても「どうしたらいいんですか？」の繰り返しです。縁あって部下となった社員が価値ある高生産性人材へと成長していくことを心から応援するためにも、自ら学習することを支援するような育成を、より一層心がけるべきだということです。

本章では、そのような人材を育成するための方法について述べていきます。それは、あなた自身の成長のためのものでもあります。

ちなみに、本書もあなたにとっての学習教材の1つです。本書から得た情報を参考として自分にとって最適な形で応用していくことが、あなた自身の「能動学習」です。

ルール 26

「グッジョブ！」とほめるだけの声掛けをやめる

成功体験から正しく学ぶための４ステップを知る

最高の学習教材は実際の業務体験、中でも成功体験と失敗体験です。

まず、成功体験ですが、部下の成功を、「よくやった！」のひと言で済ませてしまっては、貴重な学習の機会を十分に生かしたとは言えません。成功体験から成功要因を抽出して再現性を高めることで、初めて学んだと言えるからです。

ビデオを観ながら自分のプレーを言葉にする

以前、ラグビーのヤマハ発動機ジュビロの清宮克幸監督の話を聞く機会がありました。早稲田大学の監督として三度の大学選手権優勝、サントリー監督を経てジュビロ監督に就任。廃部寸前のチームを五郎丸歩選手らとともに立て直し、就任4年目に日本ラグビーフットボール選手権大会優勝を成し遂げた名監督です。


清宮監督は選手の成長を支援するための効果的な方法として、試合で行ったプレーを選手自身の言葉で説明してもらうことをあげています。

試合を撮影したビデオを観ながら、1つ1つのプレーに対して、パスの出し方やタックルの仕方、ステップの踏み方などの身体の動きと、なぜあのときパスを出したのか、味方の陣形をどう判断したのか、他の選択肢は考えたのかなどの、プレーの裏にある判断について選手自身に語らせるのです。

自分が行ったプレーを形作っているものを言葉として抽出することで、良かったプレーは再現できるように、良くなかったプレーは改善できるように、選手自身に整理してもらうことが狙いとのことです。良いプレーを「よくやった」で済ませてしまったのでは何も学んだことにならず、次の試合で再現することができないのです。

息子の早稲田実業学校の超高校級スラッガー・幸太郎選手（2017年に北海道日本ハムがドラフト1位指名）に対しても、「自分は野球はわからないが、うまく打てたときの体の動きや考えを、自分の言葉で語ることで再現力が高まるのはラグビーと同じ」と、同様のアドバイスをしているそうです。

成功体験から正しく学ぶための4ステップ

仕事も全く同じです。成功体験から学ぶということの意味は、振り返りを通して成功要因を抽出して再現性を持たせるということです。そのために、清宮監督が行っているように自分の行動を言葉にするのはとても有効な方法です。

成功体験を振り返ることで再現性を高めるためのステップを紹介します。

第1ステップ：経緯を書き出す

その仕事に取り掛かったときから結果が出たときまで、起きたことを時系列に書き出す。詳しい日時などは不要で、主要な出来事が起きた順番に並んでいればよい。

第2ステップ：成功要因を洗い出す

書き出した経緯を見ながら、成功要因だと思うことを書き出す。

［例］お客様からの質問に対して即座に調査して翌日に回答した
　先輩のAさんから的確なアドバイスをもらった

第3ステップ：行動とヒモ付ける

成功要因を自分が起こした行動と関連づける。

［例］お客様のニーズが質よりも迅速性であることを直接確認した（という行動）
　それほど親しくなかったAさんだが、思い切って相談に行った（という行動）

第4ステップ：言葉でまとめる

成功を再現させるために、自分にとって大切だと思う「行動」は何かを一般化する。

［例］顧客ニーズは直接確認すること

ピンチのときには、面識がなくても一番頼りになる人に思い切って相談すること

再現性を持たせるためには、第4ステップにおいて、自分の意思で実践できる「行動」をまとめることが必要です。「Aさんのアドバイスが役に立った」だけだと、今後もAさんがアドバイスをしてくれるまで待たなければなりません。しかし、「思い切って相談する」という自分の行動であれば、結果はどうであれ次回も再現することができるからです。

まず、自分自身の過去の成功体験について、このようなステップで振り返ることで、成功のための再現性のある行動を言葉にしてみます。その上で、部下に対しても、一方的に教えるのではなく、仕事を振り返りながら本人に成功要因を行動レベルで言語化してもらい再現力を強化する。これが、能動学習を支援する1つの形です。

図表 10
成功体験から正しく学ぶための４ステップ

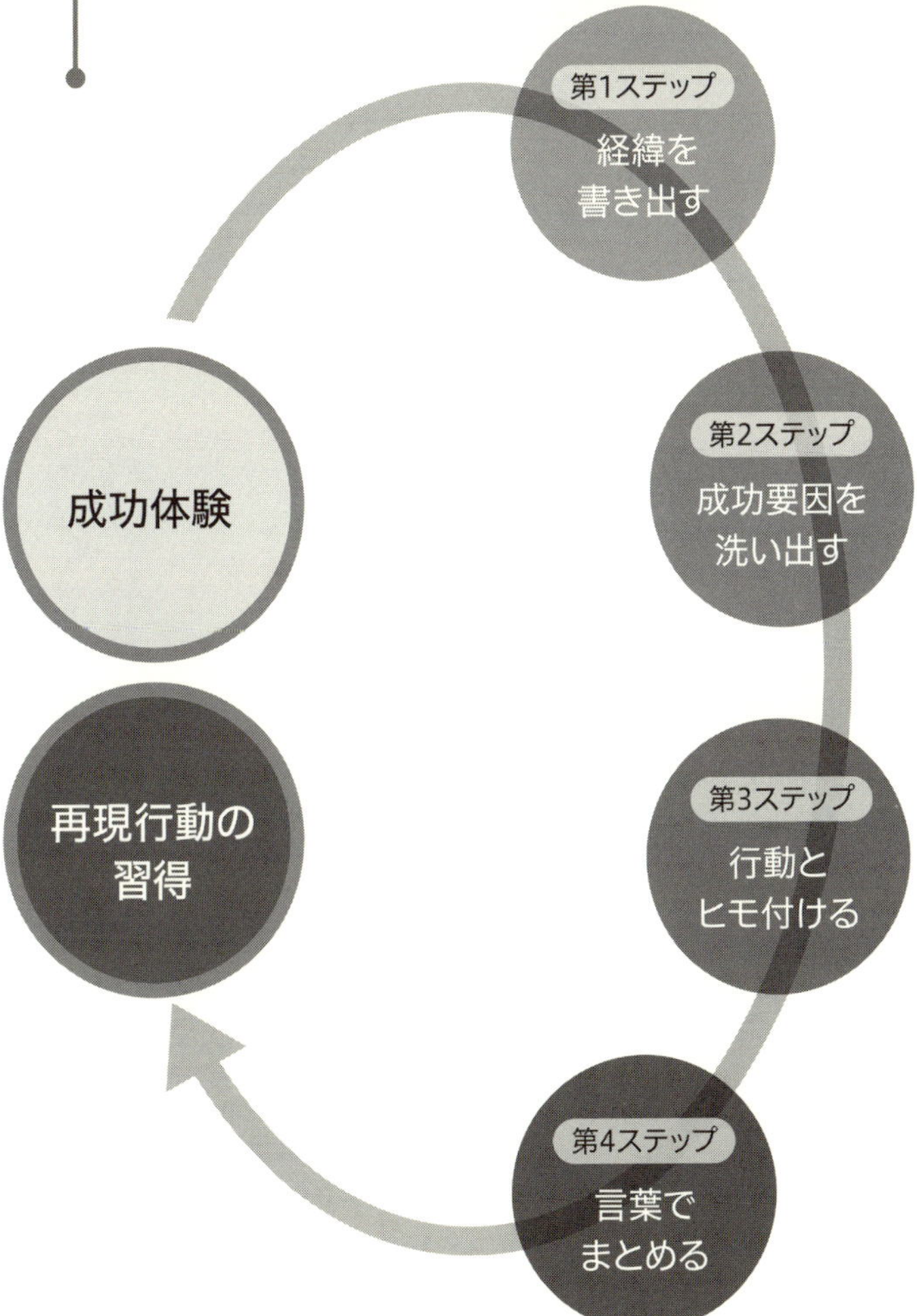

ルール 27

本人任せの無責任な「失敗から学べ」をやめる

失敗体験から正しく学ぶための４ステップを知る

失敗体験も成功体験に勝るとも劣らぬ貴重な経験です。失敗体験から正しく学ぶためには、成功体験における学習のステップ同様、体験を振り返って改善に必要な行動を言葉にするステップが効果的です。

失敗体験から正しく学ぶための４ステップ

第１ステップ：経緯を書き出す

成功体験の振り返りと同じように、その仕事に取り掛かったときから結果が出たときまで、起きたことを時系列に書き出す。詳しい日時などは不要で、主要な出来事が起きた順番に並んでいればよい。

第２ステップ：失敗要因を洗い出す

書き出した経緯を見ながら、失敗要因だと思うことを箇条書きで書き出す。

[例] お客様からの質問への回答に三日もかけてしまった
　本当に相手が望んでいることが何か、自信がないまま対応してしまった

第3ステップ：行動とヒモ付ける

失敗要因を自分が起こした行動と関連づける。もし、第2ステップであげた失敗要因に外部環境や他人の行動がある場合でも、その原因となった自分の行動がないかよく考える。責任をすべて自分以外に持っていくと改善のアクションに結びつかないため、「もし自分に1％でも原因があったとしたら？」という問いに答えてみる。

［例］お客様のニーズが質よりも迅速性であることを確認しなかった（という行動）
　Aさんに相談したかったが、忙しそうだったからやめた（という行動）
　ユーザーの関心の移り変わりに注意を払わなかった（という行動）

第4ステップ：「もう一度やるとしたら」を言葉でまとめる

同じことをもう一度やるとしたら、どうすればうまくいくと思うかを「行動」を表す言葉でまとめる。

［例］顧客ニーズを直接確認すること（特にスピードなのか完成度なのか）
　不安があるときは必ず専門家に相談すること
　ユーザーの関心の推移を把握するために、定期的な市場調査を行うこと

図表 11
失敗体験から正しく学ぶための４ステップ

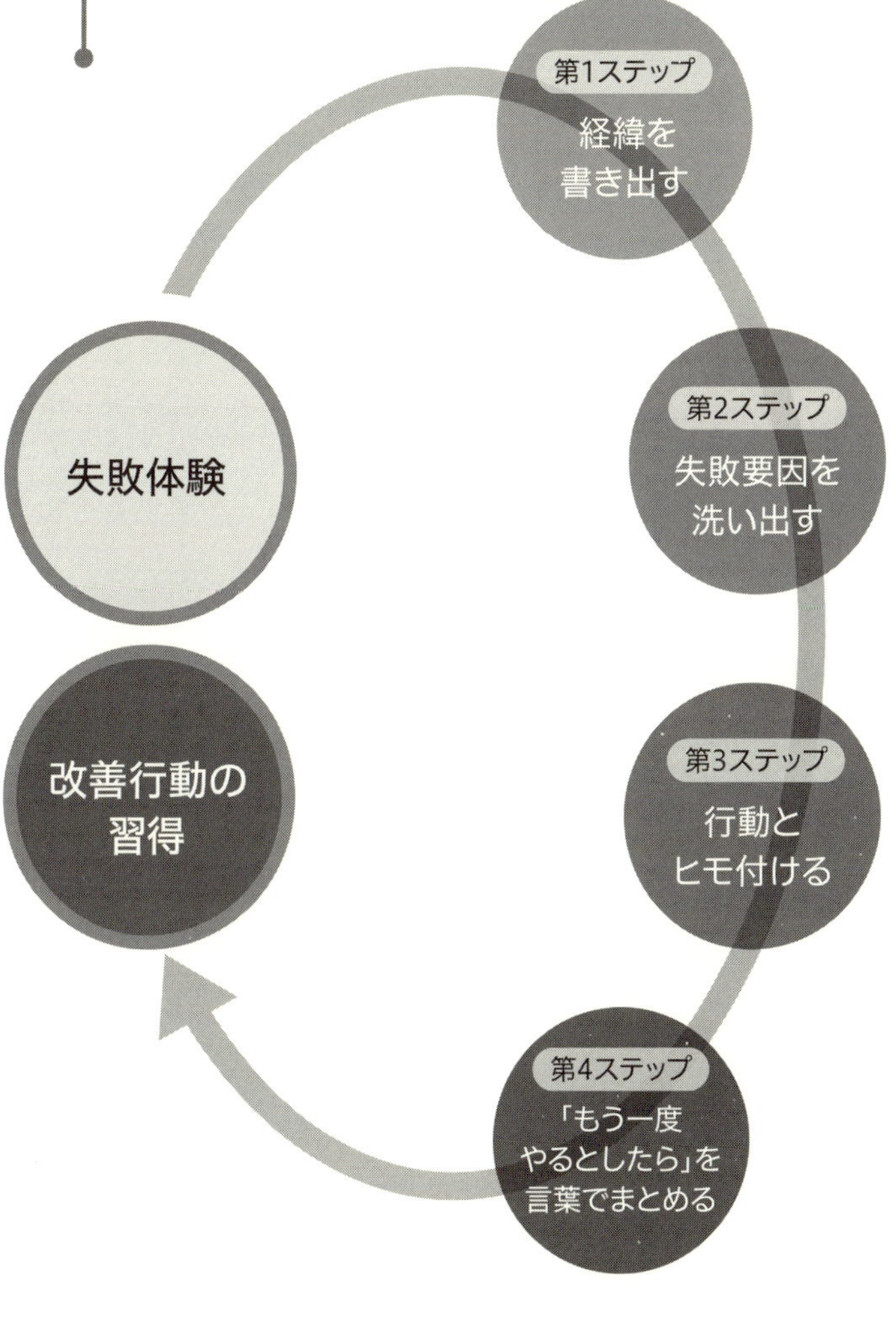

失敗から学ぶためには、最終的に「自分の改善行動」に結びつける必要があります。もし、「誰も助けてくれなかった」という失敗要因があったとしても、相手が悪いと考えてしまうと改善行動は生まれません。なぜ助けてくれなかったのか、自分のこれまでの行動の何がそのような事態を生んだのか、自分の行動とヒモ付けて考えることがポイントです。

「深刻さを真剣に伝えていなかった」「これまで、自分も助けてあげなかった」「相手の事情に配慮せず強引にお願いしてしまった」など、たとえ1%でも自分の行動に理由があるのであれば、そこから改善行動が生まれます。

あくまでも、成長のための機会ととらえる

成功体験の振り返りは気分のいいものですが、失敗体験の振り返りは、自分の至らなさに向き合う精神的にきつい作業です。部下の振り返りを上司としてサポートするときには、決して責任追及や能力の否定にならないよう配慮し、あくまでも、成長のための機会としてとらえるように伝えます。

自分自身に対しても、厳しく振り返れば振り返るほど自己否定の感情が湧いて、やめてしまいたくなることもあります。そのようなときには、信頼できる人に話を聞いてもらいなが

ら行うなどして、精神的な負担を軽減するとよいでしょう。そこまでしてでも、経験を振り返って学ぶ価値は十分にあります。

プロ野球界で活躍した落合博満氏も、振り返りの重要性を述べています。

「打者の場合は対戦する投手のビデオを事前に見ておくことよりも、実際に対戦した後に自分で感じたことをまとめ、次の対戦に生かしていくことが肝要だ。しかも、そのまとめ方の優劣が次の対戦結果を暗示すると言ってもいいだろう」（『采配』落合博満、ダイヤモンド社）。

「明日の予習ではなく今日経験したことの復習を」という、日本プロ野球史上唯一、三度の三冠王に輝いた名選手の学習法です。

成功や失敗の体験を自分で正しく振り返り、成功要因や改善要因を行動としての言葉にすることが「能動学習」です。人から一方的に言われたことと比べてより深い気づきと学びを手にするため、応用力を発揮するための大切な財産となります。

ルール28

「勉強になっただろ」で済ませる学習機会の剥奪をやめる

応用力をつけるために背後の思考過程を理解させる

できる人の行動を観察するというのは1つの学びの形態です。しかし、行動観察だけでは、表面的な行動を真似することはできても、異なった局面での応用力はつきません。行動の裏にある考え方を理解していないからです。できる人の思考過程まで理解して初めて、応用力を伴う学習をしたと言えるのです。

「なぜこうしたと思う?」

証券会社のときの上司の坂口さん（仮名・当時30代）は、英国留学後にニューヨークで活躍したグローバル・スーパー営業マンでしたが、本当によく私の学習力を鍛えてくれました。たとえば、ある案件について、坂口さんが管理職として何らかの判断を下したとします。その直後に、横の席の私に向かって「なぜこのような判断をしたのかわかる?」と問いかけてくるのです。私もできるところを見せようとして懸命に考えて答えるのですが、なかなか当たりません。

でも、その後に聞かせてもらう正解から、彼の判断の裏にある思考過程を学ぶことができます。目の前で起きている実際の案件を教材としているため、臨場感のある学習効果の高い思考のトレーニングでした。

脳はインプットよりもアウトプット重視

このような思考のトレーニングで重要なポイントは、正解を聞く前に必ず自分で考えるという作業です。

この作業の重要性については脳科学の点からも指摘されています。東京大学大学院教授の池谷裕二氏は、脳が特定の情報の重要性を認識して記憶として定着させる仕組みについて、著書『脳には妙なクセがある』（扶桑社）の中で次のようなことを述べています。

「これまで、記憶の定着にとって重要なことは何度もその情報が脳に来ること、すなわちインプットの頻度だと考えられていたが、最近の実験によってインプットよりもアウトプットの方がより強い影響があることがわかってきた。試験勉強を例にとれば、テキストや参考書を何度も読む（インプット）よりも、問題集を繰り返してやる（アウトプット）方がより効果的な学習が期待される。」

確かに、テキストを読むだけでなく問題を解く練習をしているから、本番で問題が解けるのです。ということは、人の行動から学ぶときも、いきなり本人から行動の理由を聞く（インプット）のではなく、まず自分でこれまで学んだことを総動員して考えてみて（アウトプット）、それから答え合わせをするという流れが重要なのです。

部下の育成を真剣に考えるのであれば、「勉強になっただろ！」と声を掛けるだけではだめです。「はい、勉強になりました」としか返ってこないからです。「何が勉強になったか言ってみろ」と、学習内容を確認するためのひと言が必要です。

もし、部下の回答が「交渉では押すだけではなく引くことも大事だと学びました」だとしたら、それはまだ浅いです。単に上司の表面的な言動を語っているにすぎません。「なぜ、あの場面では一旦引いたのか」という背景にある考え方が重要なのです。そこを理解してもらわない限り、異なる場面で応用させることはできません。

このような方法で、できる人の判断や言動を学習教材として、自分の中で背後の理由を考えることを繰り返すことで、実効性のある思考プロセスが身につきます。これも、問題意識を持って自ら考えて学ぼうとする「能動学習」です。

能動学習の文化で「学習する組織」へ

私は学生時代の友人たちと、年二回、三日間の麻雀合宿を行っています。メンバーが五人いるので、非番のときには昔から群を抜いた強さを誇るF君の後ろで観戦させてもらいます。一局終わるごとに彼の打った手に対して、なぜそうしたのかという自分の推測と本人の解説とを突き合わせるのですが、毎回多くの気づきを得ることができます。これも一種の能動学習です。

もっとも、「アンタ、そこまでわかっているのに、なぜ強くならないのかねえ」と言われ続けて数十年が過ぎていますが。

私たちの周りにいる一流のビジネスパーソンは、質の高い学習教材です。にもかかわらずボーっとして彼らから何も学ばない人と、センサーを張り巡らせて正しい方法で自ら学習しようとする人とでは、成長に大きな差が生まれてきます。

あなたの上司に対しては、「なぜ、部長はあのような判断をしたのだろうか？」と考えてから、「ちょっといいですか」と答え合わせをすること。部下に対しては、「なぜ私はこう判断したのだと思う?」とその理由を考えてもらった上で答え合わせをすること。このような行動を通してチーム内に能動学習の輪を広げていくと、チームは「学習する組織」へと成長していきます。メンバーも効果的な学習を繰り返すことで、仕事ができるより価値の高い人材として成長していくことでしょう。

ちなみに、先ほどのF君ですが、留年すれすれで卒業したにもかかわらず、現在、某企業の役員を立派に務めています。学生時代の成績など仕事の出来不出来には何の関係もない、というのが私たち仲間の最大の学びです。

ルール29

会社の評価だけに依存するのをやめる

成長のスピードを加速させる自己評価の習慣を持つ

成長のためには、行動の結果を確認するための「評価」が欠かせません。特に、能動学習においては、行動結果を自分の基準で評価する「自己評価の習慣」が重要です。

投資した銘柄が値上がりしても「ダメなんです」

英国系投資顧問会社のファンドマネジャーのジェシー（仮名）によると、良好な運用成績を上げ続けていくためには、妥協のない自己評価の仕組みを持っていることが大切だとのことです。少しばかり運用成績がよくても決して驕ることのない、どちらかと言えば寡黙で控えめな彼女ですが、時折見せる眼光の鋭さにドキッとさせられます。

彼女の言う「自己評価」とはこういうことです。

自分が選んで投資した銘柄が順調に値上がりした場合、会社と顧客は「よくやった」と評価してくれる。だが、大切なことは、値上がりした理由が自分が考えていたものと一致していたかどうか。たとえ値上がりしても明らかに別の理由だったとしたら、自分の判断は妥当性を欠いていたことになり改善しなければならない。

市場はたくさんの要因が複雑に絡み合って動くため、株価が上下する理由を正確に把握することはできません。しかし、彼女は自分なりの方法によって投資判断の妥当性を検証し、その有効性を常に確認しているとのことです。それが、顧客の期待に応えてファンドマネジャーとして生き残っていくための、彼女なりの自己評価の姿勢です。

会社の評価だけでは不十分

厳しい環境で生き残りをかけて戦っているのは私たちも同じです。

仕事の評価とは、一般的には上司や会社による他者評価のことを指します。仕事の結果を会社への貢献度という物差しで測り、昇給・昇格や賞与などの待遇に反映するための仕組みです。これは、会社から見た自分の価値を確認する上で、もちろん大切な情報です。

しかし、他者評価はあくまでも他人の基準に基づく他人の評価です。一方的であり、結果オーライだったり上司によって視点が異なったり、甘かったり厳しかったりもします。評価を成長のためのフィードバックだと位置付ければ、必ずしも十分な情報が含まれているとは限りません。

自分の成長には自分で責任を持つ必要があります。そのために、ジェシーのように自分の

図表 12
他者評価と自己評価

	他者評価	自己評価
評価者	上司	自分
目的	昇給・昇格・賞与（成長）	自分の成長
タイミング	年度末	随時
評価対象	業績・能力	自分の行動結果
手法	業績評価シートなど	オリジナル
納得性	評価結果による	高い
次の行動	上司と相談	自分で決める

物差しで自分を測る自己評価の習慣が必要です。それは、会社が用意した目標管理シートにある自己評価欄とはまた違うものです。

何をどのように自己評価するのか？

自己評価の対象は、幅広い分野で「自分はこうしたい」「自分はこうありたい」と思うことの中から数個選んで、自己目標として決めるとよいでしょう。

あとは、それに対して「どうだったか」を自分で振り返ればよいのです。本書でここまで述べてきた内容を一部交えて、図表13に自己評価項目（自己目標）の例を示します。あくまでも一例ですから、これに縛られることなく自分にふさわしい項目を考えてください。

自己評価に際しては、会社の目標管理シートのように決まったフォームを作る必要はなく、自分で決めた自己目標を手帳などに書き、日々の仕事の中で常に意識できるようにしておけばよいでしょう。他人の基準による他者評価のみに頼るのではなく、自分の基準による自己評価の習慣を持つことが、成長のスピードを加速させる能動学習の1つです。

図表13
自己評価項目（自己目標）の例

仕事の進め方として

・常に決断の基準を明確にする
・自分の決断のスタイルを持つ
・仕事の最初に全体像のデッサンを行う
・明確な業務方針と行動方針を持つ
・仮説・検証のループで仕事を進める
・経験から成功要因を抽出して再現性を強化する
・うまくいかなかったことの原因を解明して行動を改善する
・関係者の協力をうまく引き出すコミュニケーションをとる
・関係者がウィンウィン（相互利益）となるような進め方をする
・自分の生き方や価値観と整合的な仕事、判断をする

1年間の目標として

・自分の考えで上司を動かした案件を2つ以上作る
・昨年できなくて今年できるようになったことを3つ以上作る
・良い習慣を3つ以上増やす
・仕事を通じて成し遂げたいことをより鮮明にする
・厳しくも真剣にフィードバックをしてくれる人を最低一人作る
・悩みを相談できる人を周りに作る
・崩れかかっているAさんとの信頼関係を修復する

ルール30

できない部下に時間をかけるのをやめる

「上位人材」の頂点アップで成果を伸ばす

企業研修では、なかなか成果を出すことができない社員（下位人材）をどうすればよいのかという管理職の悩みがよく出てきます。

この問題を考えるためには、やはり、限られたリソースで「チームの成果を最大化する」という管理職の役割、すなわちマネジメントの目的に立ち返る必要があります。下位人材への対応を独立した問題として扱うのではなく、チーム全体の成果を最大化させるために、どう優先順位をつけるかという視点で考えるのです。

底辺アップか、頂点アップか

上司が下位人材の能力向上のためにどの程度の時間を割くべきかは、仕事の内容によって異なってきます。たとえば、一人のミスが全体の仕事に影響を及ぼすような性格の仕事では、下位人材への対応が否応なしに要求されます。そのミスによってチームのアウトプットがガタガタになるからです。

厳格な安全対策が不可欠な工事現場や、命に関わる医療の現場、公共交通機関の運転手やパイロットなどがその例で、下位人材の能力レベルが最低要求ラインを超えるための「底辺アップ」が優先課題となります。定期的な能力チェックや技能向上のためのトレーニングに多額の予算をかけている企業も少なくありません。

あるいは、下位人材がボトルネックになることで全体のアウトプットに悪影響を与えるような性格の仕事においても、「底辺アップ」を優先させることが理にかなっています。分業によって成り立っている生産ラインや、担当しているタスクの間に依存関係があるようなプロジェクト案件などがその例です。

一方で、チームの能力水準の最高到達点が勝負を決めるような仕事もあります。研究開発や資産運用などのように、特定分野の高い専門知識と専門スキルが必要な仕事、あるいは、コンサルティングや大型案件獲得のための営業などの、専門性に加えて対人能力やマネジメント能力が複合した、総合的な業務能力水準の高さがモノを言う仕事です。

このような場合は、下位人材への対応よりも、能力が頂点付近にいる上位人材のレベルを一段と引き上げる「頂点アップ」の優先度が高くなります。

図表 14
要求される水準の違いによる対応の違い

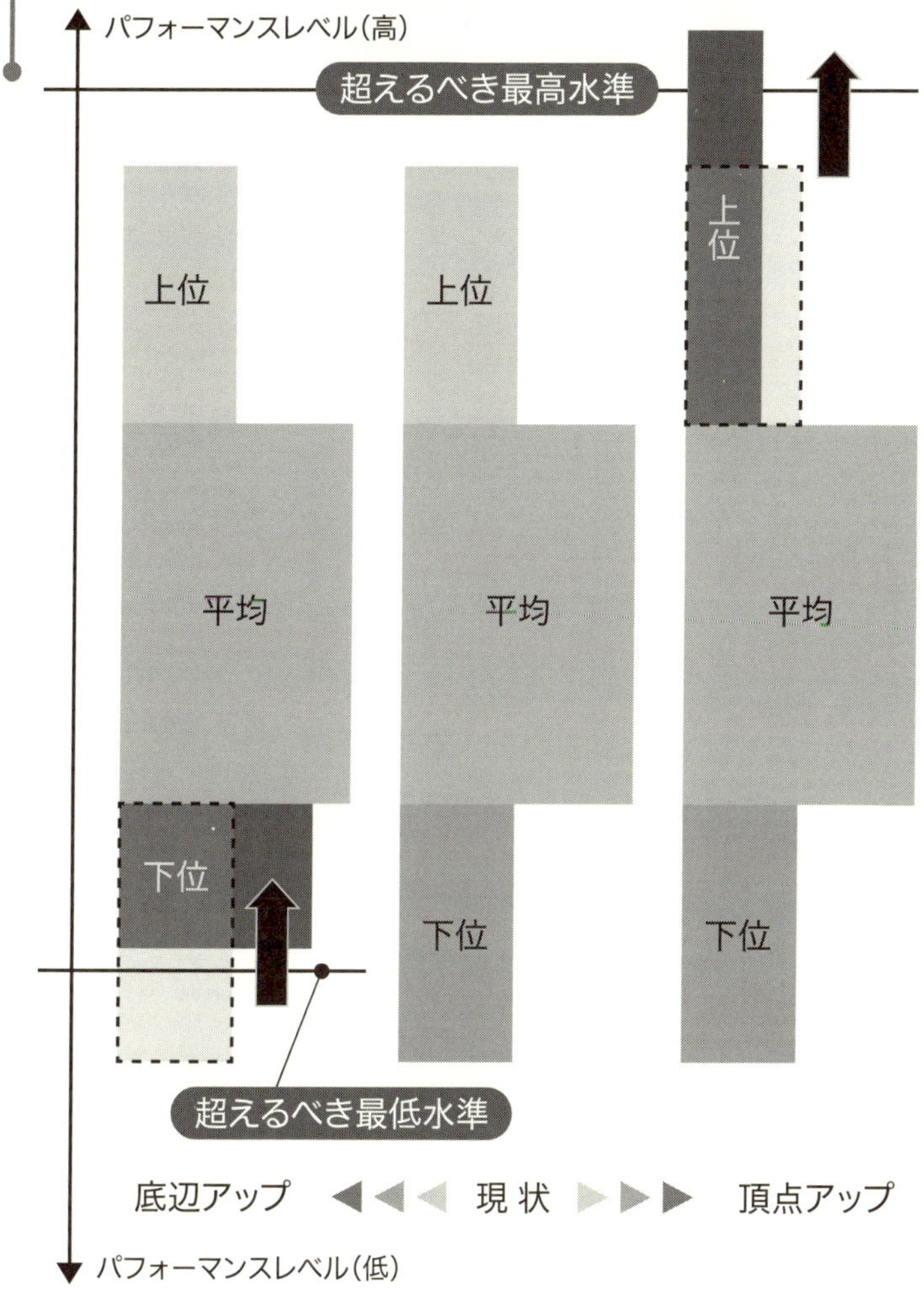

頂点の高さが勝負を決めるビジネス

日本企業の管理職の多くは、思うように成果を出せない下位人材への対応を優先させる傾向があります。縁あって部下になったメンバーを何とかサポートしたいという仲間を思う気持ちは、日本人が誇ることができる特性です。

しかし一方で、仕事ができる上位人材は、自由にやらせておいても成果を出すという理由で放置することが少なくありません。現に、仕事が抜群にできる人材のより一層の育成が、研修受講者から課題としてあげられることは皆無です。

これからは、正解のない問題に取り組む機会がますます多くなっていきます。チームの命運を左右するような大型案件獲得のための営業活動を例にとっても、これまでモノを言ってきた系列関係や、過去のしがらみの上に立つ優位性は、その効力をほとんど失ってきています。外資系を含めた競合他社を相手にして、「それでも当社を選ぶ理由」を顧客の心に突き刺す営業活動が必要です。

このような場合では、並の力のセールスから成る五人の営業チームよりも、突出した営業センスを持っている一人のスーパーセールスの存在が、案件獲得を成しえることがあります。個人プレーが組織プレーに勝つことが起きるのが現実です。

頂点がミドル人材に影響を与える

シンクロナイズドスイミングで、日本チームに何度もメダルをもたらしてきた井村雅代日本代表ヘッドコーチの指導方針は頂点アップです。あるテレビ番組の対談で、彼女はこのようなことを語っていました。

「コーチの仕事は、最も力のあるトップ選手のレベルをさらに引き上げることである。そこには見本がないので、コーチの力が必要になる。残りの選手は、見本となるハイ・パフォーマー選手（能力の上位選手）に食いついていけば、自然と成長していく。それはコーチの仕事ではなく選手自身の仕事である。平均的な選手に合わせてチームづくりをしたのでは、とても世界では戦えない」

ビジネスにおけるチームづくりでも、頂点人材を育成するのは、それよりも上の力を持っているその組織の長しかいません。しかし、その下の二番手クラスの人材の育成には、井村コーチが言うように、先頭を行くハイ・パフォーマー選手、つまり頂点人材の力を借りることができます。

次々と成果を出していくカッコいいハイ・パフォーマー社員を育成することで、「あの人のようになりたい」というメンバーの気持ちを刺激します。また、自分がハイ・パフォーマー社員の育成をサポートしているのと同じように、ハイ・パフォーマー社員にもメンバーを育成するための協力をお願いします。

すべてのメンバーに成長してもらいたいという気持ちはとても大切です。だからといって、メンバーに等しく時間を割くのは必ずしも効果的ではありません。チームの成果を最大化させるためには、仕事の性格をよく理解して、自分が直接時間を割くべきことは何か、頂点人材の力を借りることは何かなど、職場の状態に応じて最も効果的な育成方針を持つことが大切です。最終的にはそれが、すべてのメンバーの成長につながります。

コラム

できるエグゼクティブと関西人の共通点

普段は「ゼニ、カネ、ゼニ、カネ」と厳しい表情で仕事をしている外国人のエグゼクティブですが、「コイツ、何くだらないことやってんの」と呆れるようないたずらをするのも大好きです。

本書で何度も登場している私の上司・M氏もそうでした。酒の席で、社員の小嶋さん（仮名・50代）が、冗談半分に「香港勤務もいいな、美味しいモノたらふく食えるし」と言ったのを格好のネタとして、「よし、そうしよう。いつからだ？」とか「家族はどうする？」など、ことあるごとにいじりまくっていたのです。

もちろん、小嶋さんにそんな気はなく、酔った勢いで話しただけなのですが、ムキになって打ち消そうとする姿がカワイイとかで、女子社員からも「香港の美味しいお店をリストアップしておきますからね～」と言われる始末です。

その小嶋さんが、米国シアトルの本社に出張したときのこと。M氏がニヤニヤしながら私の席にやってきて「コジマサン、いまごろ喜んでいるよ！」。

なんでも、定宿のシェラトンホテルに電話して、小嶋さんの部屋に「香港の夜を楽しんで！」とのメッセージカードを置いてもらった上、冷蔵庫の中のものをすべて出して、代わりに中国の青島（チンタオ）ビールで満杯にしてもらったとのこと。チェックインした小嶋さんが慌てふためくさまを想像すると、笑いが止まらないらしいのです。

「アンタ、仕事しろよ～」ですが、確かに突き抜けて仕事ができる人には、周りを巻き込んで楽しもうとするユーモアがあります。「あいつは面白い」と思われると、それは人間関係構築上のアドバンテージにもなります。

まるで、おもろいかおもろないかを価値基準としている関西人の文化です。そう言えば、仕事でしょっちゅう「So what?（だから何？）」と詰めてくるのは、「オチは何やねん」というツッコミとよく似ています。うむ、関西人の血が世界を制覇しているのか⁉

第6章

チーム構築

最強チームを構築するルール

第4章で、組織が権限委譲によって中央処理型から分散処理型へ変わることで、仕事の迅速化や質的向上が図れることを述べました。この章では、さらに一歩踏み込んで最強のチームになるための、「自発的な」分散処理型の組織の構築について述べます。

メンバーがリーダーシップを発揮する組織

分散処理型の組織は権限委譲によって下に裁量権が委譲された組織ですが、「自発的な」分散処理型の組織は、それに加えてメンバー一人ひとりがリーダーシップを発揮する組織です。

リーダーシップというと、課長やグループリーダーなどのリーダー的な立場にいる人が発揮する役割だと思われがちですが、それは大きな間違いです。リーダーシップは立場や仕事の内容に関わらず、すべての人が発揮できるものです。リーダーシップとは、「自ら声をあげ、それに対して周りが喜んで動くような『影響力』」のことだからです。

たとえば、定年退職を控えた先輩がいたとき、後輩のAさんが「色紙に寄せ書きをして贈ろうよ」と周りの人に声をかけ、「それはいいね、お世話になったもんね」と喜んで協力してくれるような状態になったとしたら、それはAさんのリーダーシップです。

あるいは、目的が不明確なまま始まった会議において、参加者のBさんが、「最初に会議の目的をはっきりとしておきませんか」と発言して、「確かにそうだな」と他の参加者の支持を得たとすれば、それはBさんのリーダーシップです。

環境変化によって当初の目論見が違ってきたプロジェクトに対して、やり方を修正した方がよいのではないかと声をあげ、プロジェクト・リーダーの気持ちを動かすメンバー（Cさん）がいたとしたら、それもCさんのリーダーシップです。

このように、リーダーシップは誰にでも発揮することができるものです。にもかかわらず、それはリーダーが発揮するものだと思われがちなのは、リーダーシップが「権限行使」と混同されているからです。権限行使とはリーダーという「立場」に与えられた権限で、部下がどのような考えを持っていようが「これをやれ」と命じることができるものです。

もちろん、権限行使も仕事を進める上で重要な力の1つではありますが、それはリーダーシップではありません。

リーダーシップの総量がチームの力を決める

権限行使は役職的に上から下への働きかけですが、リーダーシップは上下左右、あらゆる方向へ働きかけることができます。色紙への寄せ書きに上司を巻き込むこともありえますし、会議の目的をはっきりしようとあげた声は議長に対してのものでもあります。プロジェクト・リーダーを動かしたメンバーのCさんもそうです。

メンバーのリーダーシップが発揮されている組織は、メンバーの自発性が高く、仕事のアイデアも出やすく、チームへの参画意識も高くなります。チームに活力があり、チームのアウトプットはより高まっていきます。

しかし残念ながら、日本企業ではメンバーが十分なリーダーシップを発揮しているとは言えません。Bさんが声をあげたような会議では、ほとんどの人は「それは自分の役割ではない」「議長の前でそんなことは言えない」と思って沈黙してしまいます。

Cさんのような場面でも、やはり「余計なことを言って叩かれたくはない」と考え、正面切って提案する人は少数派です。「事なかれ」が優先するのです。

公益財団法人日本生産性本部が662名の課長職に対して行った調査によると、「自分がリーダーシップを発揮していると思うか」という質問に対して49・4%が「発揮していない」と答えています（『第4回職場のコミュニケーションに関する意識調査』2017年6月）。

リーダーシップを発揮すべき立場にある課長でさえこの状態ですから、

図表15
チーム内のリーダーシップの有無

	リーダーシップがあるチーム	リーダーシップがないチーム
リーダーシップ	全メンバーが発揮	上司のみ発揮
メンバーの姿勢	自発的	依存的
仕事のアイデア	出やすい	限定的
メンバーの考える力	育つ	育たない
チームへの参画意識	高い	限定的
生産性	高い	限界あり

ましてやその職場はどうでしょうか。

マッキンゼーで採用マネジャーとして、グローバルな視点で採用・人材開発に関わってきた伊賀泰代氏も、やはり誰もがリーダーシップを発揮すべきだとした上でこのように述べています。「リーダーシップ・キャパシティに関して明確にしておきたいのは、日本に不足しているのは『リーダーシップの総量』だということです。これは『日本全体でのリーダーシップの総量』を意味します。（中略）国も大企業も変革するために必要なのは、一人の卓越したカリスマリーダーではなく、リーダーシップをとる人の総量が一定レベルを超えることなのです」（『採用基準――地頭より論理的思考力より大切なもの』伊賀泰代、ダイヤモンド社）。

的確な権限委譲がなされている上に、メンバー全員がリーダーシップを発揮するリーダーシップ・キャパシティの高いチームが最強のチームです。本章では、このようなチームを作っていくための方法について紹介します。

図表 16
自発的な分散処理型の組織へ

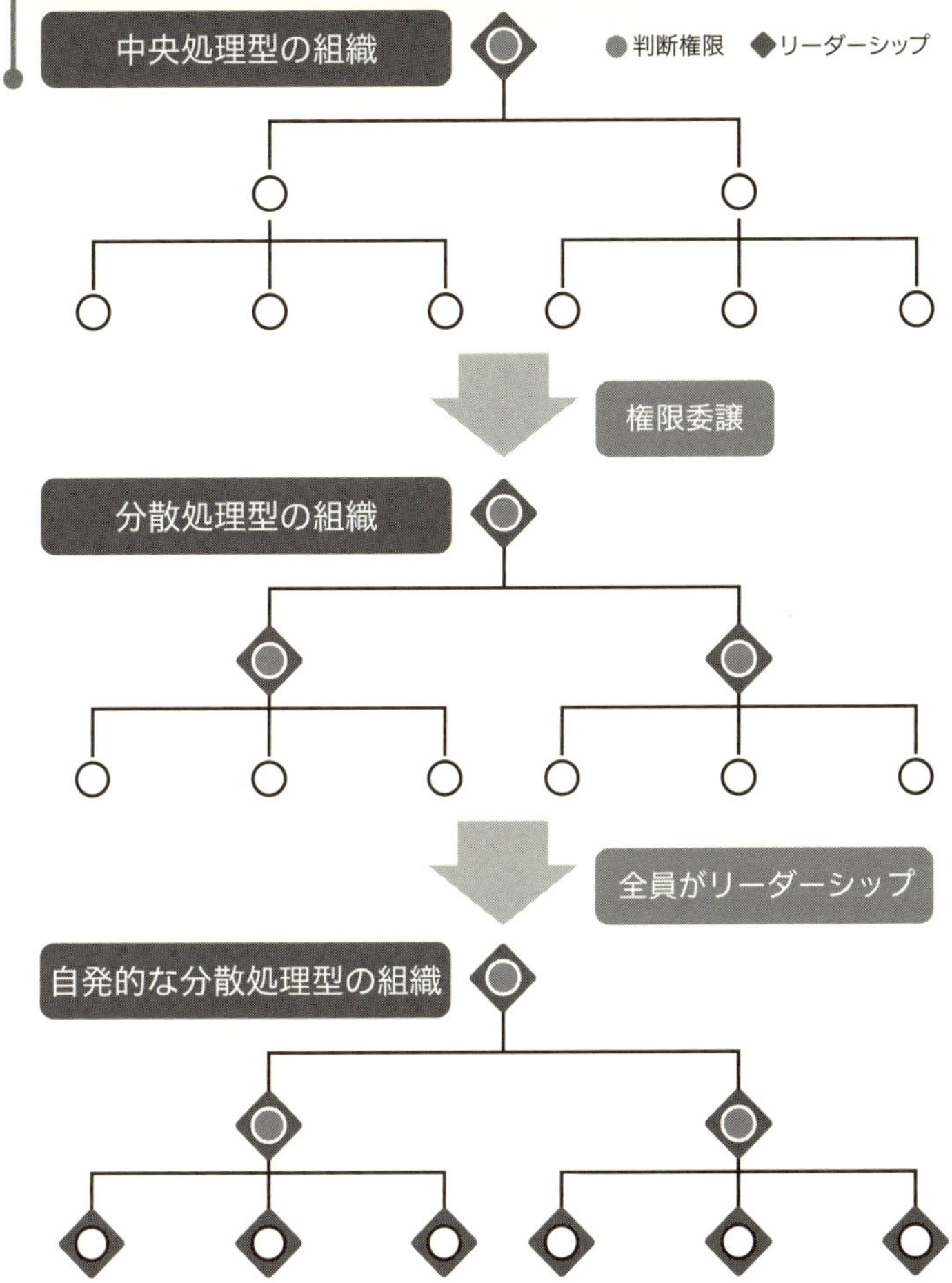

ルール31

考えを「伝える」ことに執着するのをやめる

「伝わる」話し方で行動原則を示す

メンバーがリーダーシップを発揮できない理由の1つは、上司がそれをサポートしてくれるのかという不安です。何を考えているのかわからないような上司に対しては、主体的な行動は起こしにくいものです。したがって上司は、チーム運営を行うにあたっての信念を「行動原則」として日ごろから明らかにしておく必要があります。

経験から紡ぎ出した行動の原則

会社全体の行動の原則としては、企業理念とともに会社のホームページに行動指針として公開している企業も多く、法令遵守、お客様起点、誠実な対応、チャレンジ精神などの言葉が並んでいます。

社員一人ひとりがそれらをよく理解して、日々実践していれば何の問題もないのですが、現実は、「そう言えば、何かありましたね」程度の認識がほとんどです。言葉があまりにも抽象的すぎるのと、何より、対外的なアピール用に掲げてはいるものの、経営者の本気度がゼロだからです。

しかし、管理職は少なくともチームメンバーに対しては、自分が考えているあるべき行動の原則を伝えて共有しておくことが大切です。それがチームの中で仕事における判断基準になるからです。最も大切だと考えていることを1つか2つ、せいぜい3つを限度に伝えます。実際に私が上司や先輩から聞かされた行動原則の一部を紹介します。それぞれの人の、仕事に対する信念が込められています。

・常に目的に照らし合わせて判断・行動せよ
・顧客に一方的にリスクを負わせるような商売は絶対にするな
・常に「水準・方向・勢い」の3つの視点で市場を見よ
・依頼に対して勝手にイエスと答えて良いが、ノーと言うときにはひと言相談しろ
・評論ではなく自分の意見を言え

証券会社時代の上司の部長・高田さん（仮名・50代）は、日ごろから「やるかやらないか迷ったときにはやる」という行動原則を私たちに伝えていました。本人がそれを率先して実践しているものですから、私たちも自然とその精神で仕事をするようになっていきます。やって失敗したときには何も言われませんでしたが、やらずに好機を逸したときにはエライ怒られていましたので、まさに言行一致の高田さんでした。

「伝える」のではなく「伝わる」話し方をする

では、どうすれば自分の考えている行動原則がチームに浸透していくのでしょうか。

というのも、管理職研修では「自分の考えをなかなか部下が理解してくれない」という話題がよく出るからです。チームミーティングなどで説明はするのだが、反応が薄くてピンと来ていない様子だとのこと。詳しく話を聞かせていただくと、どうも管理職の皆さんが「伝える」努力はしていても、「伝わる」努力をしていないようなのです。

「伝える」と「伝わる」は違います。

コミュニケーションはこちらの意図を相手が正しく受け取って初めて成り立つのであり、話し手が「伝えた」と思っていても、聞き手が「伝わった」と感じていなければ意味がありません。聞き手に伝わらない大きな理由は、表面的な説明だけ聞いても、それが自分ごととしてイメージできないからです。

行動原則がメンバーに「伝わる」ためには、３つのことを心がけると効果的です。

「理由を伝える」

なぜ自分がその行動原則を大切にしているのかという、背景にある理由をしっかりと伝えます。先ほどの、「迷ったときにはやる」の部長の高田さんもこのように言っていました。

「我々は新しいことに取り組んでいる部であり、ビジネスチャンスを逃さないことが何より大切である。もし失敗しても、すぐに別の方法でやり直せばチャンスは続く。しかし、やらなければ永遠にチャンスは来ない。だから、迷ったときにはやるんだ」

部員にとって納得感も高く、何より、失敗すること自体が責められることはないという安心感を持つことができました。

「個人のメリットを伝える」

その行動原則で仕事をすることが個人にとってもメリットがあることが理解できれば、進んで実践しようという気持ちになります。高田さんは、このようにも言っていました。

「理想は、確信を持ってやるかやらないかの判断ができることだ。もちろん、ビジネスでは本当にやるべきではないときもある。しかし、その判断を正しく行うためには、『仕事のカン』を養うことが大切だ。『やらない』ことをいくら繰り返しても『仕事のカン』は磨かれない。やって失敗するから『仕事のカン』は磨かれる。自分が責任を受け持つ部の中で、思う存分『カン』を磨いてくれ」

このことを聞いたときは、ビジネスパーソンとしての成長の機会を与えてもらったようで、とても嬉しく思いました。

「仕事の中で引用する」

とはいえ、話をしただけでは部下はすぐに忘れてしまいます。その後、日常の業務においても、説明した行動原則を常に引き合いに出して伝え続ける必要があります。その繰り返しによって初めて、「ああ、そういうことか」と腹落ちしていくのです。

高田さんも、「うーん、これは迷うな。でも、迷ったときにはやるんだ。よしやろう！」と、ことあるごとに、私たちに聞こえるように行動原則を口にしていました。そのうち私たちも、「迷ったときにはやろう！」とお互いに声をかけ合うようになっていきました。

行動原則を「伝わる」コミュニケーションで浸透させていけば、メンバーは上司の反応が予測できるため、安心してリーダーシップを発揮しやすくなります。

ルール32

仕事の目標だけを語るのをやめる

部下にチームの存在意義を語る

立場が管理職であれメンバーであれ、人がリーダーシップを発揮したいと思う理由は何でしょうか？

簡単に言えば、それが自分やチームの成果につながるからです。リーダーシップの先にあるものは仕事の成果です。したがって、仕事で成果を出そうとすること自体に十分な動機づけがなされていることが必要です。いわゆるモチベーションです。

外発的動機づけと内発的動機づけ

モチベーションの要因には、昇給や昇進といった外から与えられるものによる「外発的動機づけ」と、仕事に誇りややりがいを感じるなど、自分の心の中から湧き起こる「内発的動機づけ」とがあります。

外発的動機づけは強力ではありますが、外から与えられるという性格上、不安定です。自分の評価と会社の評価にギャップを感じることもあれば、会社全体の業績が悪ければ、個人としてどんなに成果を出したとしても、ボーナスが減額されることもあります。

そこで、チームマネジメントでは外発的動機づけのみに頼るのではなく、内発的動機づけにも目を向けることが必要です。メンバーに対してできる内発的動機づけの1つは、自分たちがやっている仕事の本質的な「意味」をあらためて問い直し、それをチームの「存在意義」として想いを込めて部下に伝えることです。

チームの存在意義は何か？

研修講師として訪れた、某エンターテインメント系企業でのことです。課長クラスの管理職の皆さんに、このような質問を投げかけました。

「あなたのチームは何をしているのですか？」

会社の業務分掌に書かれているような無味乾燥な組織の役割ではなく、自分のチームが行っている仕事の本質的な意味、なぜ自分のチームが存在するのかということを考えてもらったのです。考えやすいようにこのような視点も提示しました。

・何のために私たちのチームは存在するのか？
・私たちのチームが果たしている役割は何か？

・私たちは最終的に誰の役に立つ仕事をしているのか？
・私たちの仕事の延長線上には誰の笑顔があるのか？
・私たちの仕事の結果、何が起きるのか？
・私たちの仕事は社会に対してどのように貢献しているのか？

音楽ＣＤを制作しているチームの方は、「私たちは世界中の人々に夢と喜びを届けている」と回答されました。その回答こそがチームが行っている仕事の「意味」です。クライアントやアーティストからのプレッシャーも多く、時間も不規則になりがちな職場だそうですが、それでも、世界中の人々の笑顔を思い浮かべながら力を合わせて仕事をしているのでしょう。

また、ある方の回答は、「私たちは、感動を生み出すために世界一の音響を創り出している」でした。正社員や契約社員、フリーランスにアルバイトなど、様々な立場の人たちが混在している職場ではあるが、そこには「世界一の音響」にかける情熱があるのでしょう。

他にもワクワクするような答えがたくさん返ってきて、「我々は、価値のある仕事をしているチームの一員だ」というプロフェッショナルとしての誇りを強く感じました。

人は、何のためにその仕事をしているのかという仕事の意味やチームの存在意義、さらに自分がその役割を担っている一員であることを理解するとモチベーションが高まります。自分の仕事を、単に「CDを制作している」という作業としてとらえるのか、「世界中の人々に夢と喜びを届けている」という意味としてとらえるのかで、全く同じことをやっていても気持ちに大きな違いが生まれてくるからです。これが内発的動機づけです。

NASAの清掃作業員が大統領に言ったこと

仕事の意味を理解することは目的意識を持つことでもあります。フェイスブックの共同創設者のマーク・ザッカーバーグ氏は、ハーバード大学でのスピーチ（2017年5月）で、ケネディ元大統領のエピソードを引用して目的意識の重要性を語っています。

「かつて、ケネディ大統領がNASA（アメリカ航空宇宙局）を訪問した際、ホウキを担いだ清掃作業員に「あなたは何をしているのですか？」と聞いたところ、その作業員は「大統領、私は人間を月に送るお手伝いをしているのです」と答えたそうです。目的意識とは、私たちが自分たちの存在よりも大きな何かに参加して、そこで自分が必要とされていること、未来へ向けての何かに役に立っているということ、そういう感覚です」

やっている仕事を「掃除をする」という「作業」だと思うのか、「人間を月に送る手伝いをしている」という「意味」として捉えるのか、どちらの作業員がモチベーション高く良い仕事をしているのかは容易に想像がつきます。この話は、仕事の意味を自分なりに定義することの重要性を教えてくれています。

もし、「うちの課の仕事は大して意味がないから」と思っている方がいたとしたら、それは間違いです。NASAの作業員の言葉からわかるように、世の中に意味のない仕事などありません。意味がないと思い込んでいる自分がいるだけなのです。

上司が部下に伝えるべきことは業務目標だけではありません。仕事の「意味」やチームの「存在意義」です。

「あなたのチームは何をしているのですか?」

この問いへの答えを部下にしっかりと語りましょう。外発的動機づけだけに頼る場合と比べて部下のモチベーションが維持され、主体的な行動を起こしたりリーダーシップを発揮したりしやすくなります。

ルール33

すべてを自分で管理しようとするのをやめる

「心理的安心性」を職場に生み出す

自発的にアイデアを出したりリーダーシップを発揮しているメンバーのいる職場の特徴は、部下の発言によく耳を傾けている上司がいることです。逆に、せっかくの発言を否定したり、細かいことにまで逐一指示をしているような上司のもとでは、メンバーの主体性は失われていきます。メンバーの行動には「上司という環境」が大きな影響を与えているからです。

退職前に後輩にノウハウを伝えたい！

私がいた資産運用会社に、60歳を超えたベテラン社員の沖田さん（仮名）がいました。ある分野の生き字引と言われるほどの専門家で、私たちはずいぶん助けられたものです。

数年後に定年退職を控えた沖田さんが、いまのうちに自分の知識とノウハウを後輩たちに伝えたいとの思いで、定期的な勉強会を企画しました。任意での参加を呼びかけたところ、後輩社員全員が熱心に参加するものとなりました。これは、沖田さんのリーダーシップです。自分が声をあげ、それに対して周りが喜んで動くような影響力を発揮したのです。

また、別の部門では、ある派遣社員の川口さん（仮名・40代）が、担当している仕事の効率化でリーダーシップを発揮しました。使っているデータの一元管理を提案し、同じ仕事をしている同僚たちの協力を得ることで、それを実現させたのです。人から言われたのではなく、自分でやりたいと声をあげ、それに周りが喜んで乗ってくるような影響力の発揮です。

沖田さんや川口さんがこのようなリーダーシップを発揮したのは、もちろん彼らの仕事への意欲が大きな要因です。しかしそれだけではなく、二人の上司が、どちらも部下の話によく耳を傾けるマネジメントを心がけていたことがあげられます。それによって、メンバーが声をあげやすい職場環境ができていたのです。

少し専門的になりますが、ドイツの社会学者のクルト・レヴィンは、「人の行動はその人個人の特性と環境との相互作用の結果である」として、人の行動法則

図表 17
レヴィンの行動法則

$$B = f\ (P, E)$$

B（Behavior）―― **行動**

P（Personality）―― **個人の特性**
人間性、性格、個性、価値観、能力など

E（Environment）― **環境**
人間関係、置かれている状況、組織文化など

をB=f（P,E）という関数で表現しました。同じ人でも置かれた環境によって行動は変わってくるし、あるいは、同じ環境でも人によって行動は変わってくるという意味です。

つまり、より良き行動を起こすためには、個人の意識や能力に加えて、良き環境が重要な意味合いを持っているのです。職場での重要な環境の1つは上司の存在です。沖田さんや川口さんの上司のように、部下にとってものを言いやすい良き環境であることが、部下の主体性を引き出す要因になります。

米グーグルの生産性の高いチームの共通点

この点に関しては、米グーグルが行った社員の人材分析が裏付けを与えてくれます。同社は2012年から社内プロジェクトとして「生産性の高いチームの共通点」が何かを明らかにしようとする取り組みを行ってきました。180のチームの詳細なデータを分析したところ、生産性の高いチームに見られる共通要因として抽出されたのは、チームに「心理的安心性（Psychological Safety）」があることだそうです。

たとえば、メンバー間に気持ちへの配慮や気づかいがあること、こんなことを言ったら馬鹿にされないだろうか、リーダーから叱られないだろうかといった不安がないこと、そのこ

とで、メンバーは自由な発想で安心してものが言えるのです。（出所：New York Times,
２０１６年２月）

逆の場合は良くない結果を生みます。証券会社に勤めていたときの同僚の一人が、このようなことを言っていました。

「うちの上司は、どのような提案をしても、必ずひと言、難癖をつけるんだよな。結構どうでもいいことが多いんだけど……。自分に自信がないのでカタチだけでも威厳を示そうとしているってこと、我々にはバレバレなんだけどね。でも、まだそのことがわからない新人が、否定され続けて、だんだん何も言わなくなってしまったんだよ」

上司は、メンバーが主体的に声をあげることを本人の意思だけに頼るのではなく、声をあげやすい環境を作ることが大切です。その１つが、グーグルが報告書で述べているような「心理的安心性」の醸成です。

部下が発言をするときに最も気にするのは上司の反応です。どのような小さな提案であっても、真剣に受け止めて可能な限り実現をサポートします。たとえ未熟な提案であっても、頭から否定するのではなく、一旦は受け止めた上で、改善案をともに考えます。採用できないと判断した場合でも、提案してくれたことに対して感謝の気持ちを伝えます。

このような上司の姿勢が、ものを言いやすいチームの風土を作り、メンバーがリーダーシップを発揮しようという気持ちを生み出すのです。

沖田さんが、自分の貴重なノウハウをメンバーに継承することでメンバーの業務能力が高まり、川口さんがデータの一元管理を呼びかけたことで、自分だけでなく同僚の仕事をも効率化させました。このようにしてチームが活性化されていくと、それがチームの成果を高めていきます。

ルール34

「部下の主体性がない」と嘆くのをやめる

「Yes／Noルール」で自分で考える機会を作る

いつも待ちの姿勢で自分で考えようとしない人には、リーダーシップを発揮することはできないのでは？

そのとおりです。レヴィンの行動法則でもわかるように、人の行動には環境だけでなく本人の特性が影響しています。ただし、第5章の能動学習で述べたように、個人の特性は行動を通して向上させていくことができます。そこで管理職は、リーダーシップを発揮してもらうための第一歩として、普段から自分で考えてそれを口にできるような機会を作ります。

「Yes／Noルール」で考えて発言する習慣を

外資系企業でマネジメント経験の長いSさんは、「Yes／Noルール」というマネジメントのスタイルを持っています。部下が自分に指示を仰ぎに来るときには、必ずYesかNoで回答できるような話し方をするようにお願いしているのです。

「この件はどうしたらよいでしょうか？」はYes／Noで回答できないためダメです。「この件は、こうしたいと思いますがよろしいでしょうか？」。これは、Yes／Noで回答できるのでOKです。Sさんはこのような方法で、まず自分で考えてみることを促しています。

Sさんには、一人ひとりが自分で考えて主体的に行動できるチームでありたいという想いがあります。しかし、メンバーに対して「自分で考えることが大事だ」といくら言っても、それだけではピンときません。「Ｙｅｓ／Ｎｏルール」という、自分の想いを具体化したルールを実践してもらうことによって、主体的な思考と行動の習慣を身につけてもらうのです。

行動を強化する「イエスの文化」

Sさんが「Ｙｅｓ／Ｎｏルール」で気をつけているのは、よほどのことがなければ「イエス、それでやってみよう」と部下の考えを受け入れることだそうです。部下は認められた喜びで、ますます自分で考えるようになります。承認による行動強化です。反対に、否定したり細かいことにこだわりすぎたりすると、部下は「結局、自分の考えを押し付けるのだな」と感じて、それ以降は適当に考えるようになります。否定による行動弱化です。

グーグルの元ＣＥＯエリック・シュミット氏らは、組織に必要な「イエスの文化」について、元コネチカット大学学長のマイケル・ホーガン氏の言葉を引用しながら述べています。

「最初のアドバイスはこうだ。『イエス』と言おう。なるべく頻繁に、イエスと言うのだ。イエスと言えば、物事が動き出す。イエスと言えば、成長が始まる。イエスは新たな経験につながり、新たな経験は知識と知恵につながる」（『How Google Works 私たちの働き方とマネジメント』エリック・シュミット他、日本経済新聞出版社）

もちろん、部下の考えが許容範囲の外にある場合は修正してもらう必要がありますが、その場合でも「こんなんじゃダメだ」と頭から否定してしまうと、二度と嫌な思いをしたくないため、真面目に考えた提案をしなくなります（否定による行動弱化）。部下の考えを一旦は受け止めた上で、さらに良くなるための改善を求める期待を示せば、再挑戦しようという気持ちになります（承認による行動強化）。

上司と部下の間に「Ｙｅｓ／Ｎｏルール」が定着してくると、メンバー間の会話でも自分で考えて口にすることが増えてきます。このようにして、レヴィンの法則における個人の特性は、もう1つの要素である環境にも影響を与えていくのです。

ルール35

チーム内での役割を決めつけるのをやめる

「誰もがリーダー、誰もがサポーター」という最強のチームを作る誰もがリーダーシップを発揮する「自発的な分散処理型」が理想の組織であると述べてきましたが、もしかしたら次のような疑問を持つ方がいるかもしれません。リーダーだけでなくサポート役の人も組織には必要なのではないか、あるいは、リーダータイプの人とサポートタイプの人が、それぞれの強みを生かすことでいいのではないか。

結論を言うと、それでも、全員がリーダーシップを発揮できる組織を目指すべきです。このことは、「リーダーシップ」の意味をよく考えてみれば、理解いただけると思います。

良きサポーターはリーダーシップを発揮している

この章の最初に紹介した、退職する先輩への寄せ書きについて声をあげ賛同者を集めたAさんのケースを思い出してください。このとき、Aさんはリーダーシップを発揮しています。そして、Aさんの発案に共感したMさんが「やろう、やろう、できることがあったら何でもするよ」と伝えることでAさんをサポートしようとしたとします。ここまでは、リーダーシップを発揮したAさんと、サポートしようとしているMさんというよくある構図です。

さて、Mさんがさらに次のような提案をしたとしたらどうでしょうか。「どうせなら、色紙に課員全員で写っている写真を貼ろうよ。どこからか入手しておくね。Pさんも一緒に探してくれない？」。Pさん「もちろん了解！」

この時点で、Aさんをサポートしている M さんは、新たにリーダーシップを発揮したことになります。Aさんへのサポートを、退職する先輩への感謝の気持ちがより一層伝わるように、自らの発案で膨らませたのです。Mさんのリーダーシップで、言い出しっぺのAさんも大助かりです。このように、リーダーをしっかりとサポートできる優秀なサポーターは、実はリーダーシップを発揮しているのです。

派遣社員の川口さんのデータの一元管理においても、「やろう、やろう」と共感した別の派遣社員Xさんが関連データの一覧表を作成した上で、対象範囲をもう少し拡大することを提案し、関係者の賛同を得たそうです。これも、川口さんのリーダーシップをサポートするという行動の中で起きたXさんのリーダーシップです。

どのような小さな行動でも、そこに、「自ら声をあげ、それに対して周りが喜んで動くような影響力」があれば、それはすべてリーダーシップです。

リーダーとサポーターは頻繁に入れ替わる

上司がリーダーで部下がサポーターという関係が逆転することもあります。たとえば、派遣社員の川口さんがファイルの共有化作業を始めるときに、上司が課会の席で課員全員に、「必要な場合は協力するように」とひと言伝えることで川口さんは仕事を進めやすくなるでしょう。これは、上司による川口さんへのサポートです。

リーダーシップを発揮できる人は良きサポーターになれます。同じように良きサポーターは、実は良きリーダーの資質を持っているのです。「あの人はサポータータイプだからリーダーシップは求めなくてもいい」といったレッテルを貼るのは好ましくありません。どのような立場であれ、リーダーシップを発揮する力が必要なのです。組織の中のリーダーシップの総量が大きければ大きいほど、強い組織として成果も出やすくなるからです。

部下が上司にとっての最良のサポーターであると同時に上司も部下にとって最良のサポーターであること、メンバー同士もお互いがお互いにとってのリーダーでありサポーターであること、「誰もがリーダー、誰もがサポーター」――このようなチームが最強のチームです。

ルール36

忙しいことをアピールするのをやめる

「当たり前」のレベルを高めて涼しい顔で仕事をする

チーム内にリーダーシップの総量が増えてきて、自発的な分散処理型の組織へと進化していく過程で注意しておくべきことがあります。メンバーは自ら行動を起こすことが増えていくため、自分たちは特別なことをやっているのではないかという錯覚に陥ることがあるのです。本当に生産性の高いチームへと成長していくためには、それが「当たり前」だと感じるようにならなければなりません。

チームの平熱を高める

高い質の仕事で生産性を高めている組織からは熱の高さを感じます。しかし、やっている本人たちは「それが当たり前ですが何か？」と、意外と涼しい顔をしています。当たり前のように迅速に決めて、当たり前のように仮説・検証を繰り返し、当たり前のようにリーダーシップを発揮しています。

このように生産性の高い組織の特徴は、他の組織と比べて「当たり前のレベル」が高いのです。私は「当たり前のレベル」が高い組織のことを、「平熱が高い組織」と呼んでいます。

平熱を高めることが成果に結びつくのはスポーツの世界でも同じようです。

日本の女子卓球はロンドン五輪（２０１2年）で銀、リオデジャネイロ五輪（２０１６年）で銅と、連続でメダルを獲得しているように、ここ数年で急速に力をつけてきました。福原愛、平野早矢香等の中心選手が、不動の世界王者中国に乗り込み、現地で研鑽を積みながら力をつけてきたことが理由の1つです。

球のスピード、威力、反射力などが段違いに優れている世界トップの中国選手たちと競い合っていくうちに、自分たちの平常時のスピード、威力、反射力も高まっていった、すなわち平熱が上がっていったのです。２０１７年のアジア選手権で、世界ランク1位、2位、５位の中国三選手を撃破して、17歳でアジア女王の座に輝いた平野美宇選手も、中国で鍛えられた一人です。

私たちも平熱の高い環境に身を置くことで、自分の平熱を高めることができます。そこで、チームの平熱を高めるための上司の役割ですが、自らが当たり前のように平熱の高い仕事を行うことによって、部下にとっての平熱の高い環境になることです。部下が一番影響を受けるのは直属の上司だからです。

チーム内で「忙しい」を禁句にする

チームの平熱を上げるにあたって注意すべきことは、どんなに忙しくても、決してそのことをアピールしないことです。どのような状況でも、当たり前のように平然と仕事をこなす上司だからこそ、その平熱の高さがメンバーに伝わっていくからです。

いかにも忙しそうにドタバタしていると、それは平熱ではなく発熱していることになり、当たり前のレベルは高くなりません。

世の中には、とにかく忙しいことをアピールしたがる人がいます。やれ、先週末も出勤しただの、二ヵ月先までアポで一杯だの、食事をとる暇もないだの、こちらが聞いてもいないのに勝手にべらべらとしゃべる、いわゆる「忙しがり屋」です。

忙しがり屋の心理は認めてもらいたいという承認欲求です。

「人の何倍も忙しいオレ（こんなに仕事してすごいでしょ）」

「できる人ほど仕事が回って来るんだよね（オレ、オレのことだよ）」

「どうして私ばかりアポが多いのですかね（ワタシ、仕事ができるからですよね）」

そこで、「いやー、さすがですね」などと調子を合わせようものなら、「でしょ！」とドヤ顔をされ、ますます「忙しい」の波状攻撃です。

彼らは「忙しくてすごい」ことを認められることを喜びとしているため、ずっと忙しくしている必要があります。したがって、仕事のやり方を工夫して生産性を高めようという意欲が湧きません。望んだとおりの忙しい状態が続くことが理想なのですから。このような忙しがり屋の三文芝居は、チームの平熱を下げる要因となります。

もし、メンバーの中にそのような人がいたとしたら、チームで「忙しい」を禁句にしてしまうとよいでしょう。思わず口にしそうになったときにぐっとこらえたり、人が口にしたのを「イエローカード！」と警告したりすることで、平熱のレベルを上げていこうという意識の定着にも役立ちます。

決して「忙しい」と言わずに粛々と成果を出しているチームは、素知らぬ顔をして当たり前のようにヒットを打つイチロー選手のようにカッコいいのです。

《補足》「チャレンジ」で心のファイティングポーズを

人の脳は自分が発する言葉を他の誰の言葉よりも一番よく聞いています。もし、「忙しい」と言い続ければそれが脳ミソに刷り込まれて、「本当に忙しくてたまらない」というネガティブな自己暗示をかけることになります。その結果、常にドタバタせざるを得ないといった自作自演の滑稽な芝居を演じる羽目になります。「大変だ」「難しい」という言葉も同類です。

英語圏の人たちは「忙しい」「大変だ」「難しい」という言葉の代わりに「チャレンジ(challenge)」という言葉をよく使います。「チャレンジ」には「挑戦」という意味もありますが、「難しいがやりがいがあるもの」という意味があります。

トラブルが発生しても「チャレンジだ！」、困難な仕事に立ち向かうときも「チャレンジだ！」。これで、「それは、難しいがやりがいがあるものだ」と脳が反応し、心がファイティングポーズをとるのです。

「忙しい」「大変だ」「難しい」の3つを禁句にして、代わりに「チャレンジだ！」とつぶやくことで常に心のファイティングポーズをとっているようなチームは活力があります。

コラム

「知らない」と部下にウソをつくときの背徳感

管理職になると、重要な戦略や人事関係のことで、立場上知ってはいるがメンバーには言えないような情報も耳に入ってきます。しかし、勘のいいメンバーほど、あれこれとカマをかけて探り出そうとしてきます。

根がビビり屋の私なんか、知っていることを「知らない」と言うだけで心筋梗塞を起こしそうになるのに、あとになって「あれ、本当は知っていたんでしょ」なんて追及されると、その場でチーン！ と昇天しそうになってしまいます。

かといって、「知っているけど言えない」と正直に言ってしまうと、また隙を見て探りに来ます。「ここだけの話だぞ」とほとんど効果のない約束でポロッと言ってしまいそうで、これまた自分が怖いわけです。

ある日、米国人のエグゼクティブであるバーナード（仮名・40代）にそのことを話したら、彼はあらかじめ部下に次のように宣言しているのだと教えてくれました。

「私が本当に知らないことと、立場上知っているが言えないことの両方がある。もし聞かれたら、どちらの場合でも『知らない』と答えるからヨロシク」

普段からこう言っておくと答えに迷うこともなければ、あとから「本当は知っていたんでしょ」と非難？　されることもない。いまの「知らない」は2つのケースのうちどっちですか？としつこく聞かれても、それこそ「知らない」と答えればいいんだよ。すべて「知らない」だけで済ませることができるから便利なんだよね。

おおーっ、さすがは百戦錬磨のバーナード。コミュニケーションのとり方もわきまえています。ちょうど組織改編の動きがあったので、私もさっそく部下に対してそのように宣言をしました。

「櫻田さん、ということは近々何かあるということですね」

図星を突かれてその場でチーン！　です。

おわりに

あなたが管理職という役割を担った瞬間、あなたは部下の時間の一部を預かることになります。あなたが決めた方針で部下は動き、あなたの指示に従って部下は時間を使うからです。人にとって何より大切な時間を預かるに足るだけの力があるからこそ、会社はあなたを管理職として登用したのです。

時間と言えば、「時は金なり」ということわざがあります。しかし、私はこう思います。

「時は命なり」

生きている人間にとっての時間は、時計が時を刻むということだけでなく、いずれ終える人生の「命」を刻んでいるのです。これまで生きてきた数十年はあなたの命そのものであり、これから生きていく数十年もまたあなたの命です。いま過ぎた1分もあなたの命であり、これから過ぎる1分も、またあなたの命です。限りある時間は限りある命です。

部下の時間の一部を預かるということは、部下の命の一部を預かるということです。だからこそ、あなたと部下の時間を決して無駄にせず、いつの日か部下に「一緒に働くことができてよかったです」と言ってもらえるようなマネジメントを全身全霊で行う覚悟が必要です。高い質の仕事でチームとして最高の結果を出し、一人ひとりが価値あるビジネスパーソンとして成長していくようなマネジメントです。

幸いにも私たち日本人は、真面目、誠実、勤勉といった、世界から賞賛される優れた特性を持っています。明治維新での劇的な近代化や戦後の驚異的な復興など、時代の変曲点を乗り越えながら、次の時代を力強く築いてきた先輩たちのＤＮＡを受け継いでいます。

変わりゆく時代に管理職としての道を歩み始めたあなたの、より一層のマネジメント力の強化と成長に、本書が少しでもお役に立てれば幸いです。

最後に、本書で紹介させていただいた、私が尊敬するトップクラスのビジネスパーソンの方々を始めとして、仕事を通じて私の人生に良き影響を与えてくださったすべての皆さんに、この場を借りて御礼申し上げます。

２０１７年12月

櫻田 毅

参考文献

浅井俊克、八巻直一『システムダイナミックスによる組織の分権化に関する考察』経営情報学会2008年秋季全国研究発表大会
伊賀泰代『採用基準――地頭より論理的思考力より大切なもの』ダイヤモンド社
池谷裕二『脳には妙なクセがある』扶桑社
落合博満『采配』ダイヤモンド社
株式会社コーチ・エィ コーチング研究所『組織とリーダーに関するグローバル価値観調査2015』（2015年12月）
アンドリュー・S・グローブ『HIGH OUTPUT MANAGEMENT』日経BP社、小林薫（訳）
公益財団法人日本生産性本部『第4回 職場のコミュニケーションに関する意識調査』2017年6月
エリック・シュミット、ジョナサン・ローゼンバーグ、アラン・イーグル『How Google Works 私たちの働き方とマネジメント』日本経済新聞出版社、土方奈美（訳）
竹内一正『イーロン・マスク――破壊者か創造神か』朝日新聞出版
茂木健一郎『結果を出せる人になる！「すぐやる脳」のつくり方』学研パブリッシング
リチャード・ワイズマン『その科学が成功を決める』文藝春秋、木村博江（訳）

【著者紹介】
櫻田　毅（さくらだ　たけし）
人材活性ビジネスコーチ / アークス & コーチング代表
九州大学大学院工学研究科修了後、三井造船で深海調査船の開発に従事。日興證券（当時）での投資開発課長、投資技術研究室長などを経て、米系資産運用会社ラッセル・インベストメントで資産運用コンサルティング部長。その後、執行役 COO（最高執行責任者）として米国人 CEO（最高経営責任者）と共に経営に携わる。2010年に独立後、研修や講演などを通じて年間約1500人のビジネスパーソンの成長支援に関わる。日本投資顧問業協会、日本証券アナリスト協会などの委員を歴任。「全国・講師オーディション 2013」にて3位。主な著書に『外資系エグゼクティブの逆転思考マネジメント』（ぱる出版）がある。
【HP】 http://arcscoach.com/

管理職1年目の教科書
外資系マネジャーが絶対にやらない36のルール

2018 年 1 月 4 日発行

著　者──櫻田　毅
発行者──山縣裕一郎
発行所──東洋経済新報社
〒103-8345　東京都中央区日本橋本石町 1-2-1
電話＝東洋経済コールセンター　03(5605)7021
http://toyokeizai.net/

装　丁…………石間　淳
D T P…………アイシーエム
印　刷…………ベクトル印刷
製　本…………ナショナル製本
編集担当………岡田光司
©2018 Sakurada Takeshi　Printed in Japan　ISBN 978-4-492-55780-8

本書のコピー、スキャン、デジタル化等の無断複製は、著作権法上での例外である私的利用を除き禁じられています。本書を代行業者等の第三者に依頼してコピー、スキャンやデジタル化することは、たとえ個人や家庭内での利用であっても一切認められておりません。

落丁・乱丁本はお取替えいたします。